DANTE GEBEL

EL CÓDIGO DEL CAMPEÓN

El Código del Campeón
©2003 EDITORIAL VIDA
Miami, Florida 33166-4665

Diseño de interior: Grupo Nivel Uno Inc.
Diseño de cubierta: Grupo Nivel Uno Inc.

Reservados todos los derechos. A menos que se indique lo contrario, todas las citas bíblicas son tomadas de la versión Reina-Valera 1960
©Sociedades Bíblicas en América Latina.

ISBN: 0-8297-3829-0

Categoría: Jóvenes

Impreso en Estados Unidos de América
Printed in the United States of America

05 06 07 ❖ 15 14 13 12 11 10

Contenido

Dedicatoria

Al alma maestra de nuestro ministerio, la mujer de mis sueños, Liliana, que además de ser la esposa por la que he esperado tanto tiempo, es la madre de nuestros mayores tesoros, Brian y Kevin.

A mi querido equipo:
Pablo Chamorro, mi infatigable mano derecha.
Javier Pavez, el eterno volador.
Enrique Gómez, fiel desde los comienzos.
Germán Gómez, audaz y creativo.
Hernán Hernández, trabajador incansable.
Carlos Hernández y Daniel Peckerman, abnegados camaradas.
Mario Krauchuks, el hombre que logró que volviera a creer en los verdaderos e incondicionales amigos. Gracias por haber estado en las buenas y en las malas.
Gracias a todos ellos, por pertenecer a mi más íntimo círculo de amigos y por haber creído en un visionario loco e idealista.

Y a los queridos jóvenes de siempre, que no permiten que el sistema les diga lo que tienen que hacer o decir.

Reconocimientos

Mi más sincero agradecimiento a todos aquellos queridos pastores que me han apoyado siempre y a los que no lo hicieron, porque me hicieron madurar.

A Esteban Fernández y Editorial Vida, por creer en este nuevo libro y considerarme como uno de sus escritores. Eternamente agradecido por una nueva puerta de bendición al mundo.

A Rubén Proietti, por esa camaradería y amistad que me honra y me bendice. Gracias por valorarme como persona, por encima de cualquier don. Los buenos tipos existen.

A Claudio Freidzon, gracias por esa singular relación que mantenemos desde hace tantos años. Jamás olvido a los que me bendicen.

A Sergio Daldi, por haber trabajado desinteresadamente por los nuevos proyectos, entre ellos, este libro. Eternamente agradecido. Por esto y por aquello que sabemos.

A Italo Frígoli, eres un clásico en mis libros. Dios siga dándote esos geniales mensajes.

A Marta Moyano, por esa cobertura espiritual de tantos años y por considerarme como a un hijo más.

A Juan Carlos Ortiz, qué placer ha sido conocerte. Me conformaría con llegar a ser la mitad del hombre de Dios que eres. Increíble orador, superlativo siervo.

A Daniel Barcellona, por esas veces en que nadie creía en mis proyectos, pero aun así me diste una gran mano desinteresada. Contigo aprendí que Italia y Alemania pueden convivir.

A Alejandro Stetdfeld, por todas esas veces que creíste en el ministerio y sembraste lo mejor que tenías.

A Miguel Ángel Castellanos y Rocío, regalos de Dios para nuestras vidas.

A Cristina y Gregorio, gracias por invertir sus sueños en buena tierra.

Al eterno Dios. Gracias por contratarme en la undécima hora y permitirme jugar en las grandes ligas. Nunca podré saldar mi deuda contigo.

Introducción

El pugilista sube al cuadrilátero consciente de que podría ser su última pelea. Se juega mucho más que el cinturón, que apenas es un símbolo de su consagración como campeón de pesos pesados. Se está jugando la reputación, su vida, el futuro. Sabe que tiene que subir a pegar y volver a pegar. No puede escatimar esfuerzos a la hora de golpear. Es que, por si no lo sabes, no se trata de una película más de la saga de Rocky Balboa, es la vida real. Un *knock out* a este punto de su carrera, lo dejaría más que tirado en la lona. Lo empujaría al olvido, a un amargo titular de la prensa amarilla, a la gris mediocridad. Faltan veinte segundos para que suene la campana. El boxeador está en su punto sin retorno, no puede perder, no cuenta con ese lujo. Ganar no lo es todo para él, es lo único.

El goleador respira. Una multitud grita desaforadamente entre vítores e insultos. El jugador está quieto frente al agazapado arquero. Faltan veinte segundos para patear el balón. En otro momento podría errar el golpe y solo sería una anécdota más del fútbol aficionado, pero ahora no juega con esa posibilidad, está en primera división y en un mundial. Se juega el oro de la Copa Internacional; y en las ligas mayores no hay margen de error. Su equipo tiene la fiebre del oro y cuenta con su efectividad, su precisión. Los cien mil espectadores parecieran moverse en cámara lenta. Él no juega un simple partido; lo importante para él no es competir, se juega un contrato europeo millonario. Su pase a un futuro seguro. Integra el gran equipo y disputa un partido para el gran público de todo el planeta que lo observa a través del satélite. Bajo presión. Con sed de victoria.

Si cae, el boxeador se levantará de la lona, no así su prestigio. Si el jugador no convierte el gol, maldecirá sobre el césped, pero alguien más romperá un contrato sin firmar.

Buenos Aires, estadio Boca Juniors; setenta mil personas abarrotan las instalaciones del inmenso coliseo de fútbol. El césped también está cubierto por una masa uniforme de miles de jóvenes que han venido de todo el país. Faltan apenas dos minutos para las nueve de la noche, y para el inicio de una gran cruzada, el «Superclásico de la Juventud», luego de una extensa gira por toda la nación. El bullicio es ensordecedor, la atmósfera parece electrificada. Por alguna curiosa razón, aquí también todo pareciera moverse en una rigurosa cámara lenta.

Apenas dos días antes, en ese mismo estadio, se realizó un concierto de rock que reunió a los mejores del género; pensaban colmar el lugar, pero solo asistieron quince mil fanáticos. Hoy, apenas dos días después, con el mismo escenario y exactamente el mismo montaje, setenta mil jóvenes van a exaltar a Jesucristo. Los periodistas están ahí para hacer la odiosa comparación, están sorprendidos y exaltados, como los demás.

Uno de ellos, reportero de uno de los canales de noticias más importantes del país, me intercepta antes de subir al escenario. La pregunta es predecible, casi obvia. Las imágenes del concierto de rock, de hace dos días, aún resuenan en la mente local.

—¿Qué siente, al saber que los jóvenes cristianos han llenado el estadio por encima de su capacidad, superando al tan promocionado concierto de rock nacional?

Mientras el periodista habla, unas imágenes del tour evangelístico aparecen en enormes pantallas gigantes en los laterales del escenario y la multitud grita desaforada. Se hace casi imposible dialogar con el hombre, pero el cronista insiste.

—¿Logró la fe vencer al rock?

Me gustó la palabra «vencer». No tengo nada contra el rock, y casi no oía lo que el reportero me decía, pero me fascinó la idea de estar ganando una batalla. La multitud aplaude, hacen olas humanas, esperan una gran victoria.

—Soy un mal perdedor.

—¿Qué? —me preguntó acercando su micrófono a mi garganta.

—Dije que no me gusta perder. Hemos decidido ganar este campeonato de la vida. Esta gente quiere ganarle al sistema —dije, señalando el estadio— y de hecho, lo va a lograr. Nosotros, siempre ganamos.

Las luces del estadio se apagan. Seguidores de luz juegan con la gente que levanta las manos y aplauden en lo alto. Aparece en pantalla un conteo regresivo, faltan segundos para que estalle el lugar.

—Una pregunta más —insiste—, solo dígame qué siente, justo ahora, antes de salir.

Mi esposa me toma de la mano, una decena de técnicos corren nerviosos, alguien da la señal de aire a las cámaras que emitirán la cruzada a veintidós países de Iberoamérica.

Estoy a segundos de subir y predicarles a setenta mil jóvenes sedientos de victoria, de pasión, pero aun así, quiero contestarle al curioso periodista. Acaso porque siento la misma presión y responsabilidad del boxeador. La misma adrenalina del jugador que superará su propia marca. No estoy jugando, pero no me gusta perder, tengo sed del oro espiritual, poseo una doble dosis de ambición espiritual, me siento a cinco centímetros del suelo, soy un mal perdedor. Esta es la liga mayor. La mediocridad no me atrae, ser alguien del montón no es mi estilo, voy por el campeonato.

Nadie recuerda al que sale en segundo lugar, o al octavo puesto. Los que dicen que lo importante solo es competir, es porque jamás se embriagaron de victoria. Yo quiero lo mejor de Dios para mí, soy un sabueso de mi medalla de oro. No quiero ganar el campeonato de aficionados, no me interesa ser del equipo de novatos. No deseo contentarme con la medalla de plata o razonar que el bronce no es tan malo, después de todo. O conformarme con no llegar último. Quiero la victoria. Aplastante. Quiero ser la peor pesadilla que jamás tuvo el infierno.

Un locutor interrumpe mis pensamientos, anunciando que comienza el «Superclásico de la Juventud», desde el estadio Boca Juniors. La música es estridente, explosiva. Miles de jóvenes y adolescentes comienzan a cantar. Pero el insistente cronista aguarda una respuesta. Si le digo que quiero ganar, pensará que se trata de una apuesta personal. Está esperando mi declaración para titular su nota. Para él, soy un «tele-evangelista electrónico», un «mesías mediático» o quizá un hábil manipulador de masas. No entiende nada acerca de la guerra espiritual o de promover una contracultura de gente íntegra. No sabe de victorias, no tiene idea lo que se siente al ser campeón. No imagina lo que es dar un último golpe con el resto de oxígeno en el penúltimo asalto. Nunca estuvo bajo la presión de ganar o morir. Me pregunto de qué manera puedo explicarle todo lo que significa servir a Dios. Es demasiado complicado para una sola frase. Es que hay códigos que el cronista jamás entendería.

—Siento que estoy escribiendo la historia —digo.

El periodista me deja avanzar hacia el escenario, está satisfecho.

El histórico estadio Boca Juniors luce imponente bajo una noche calurosa de Buenos Aires. Miles de gargantas entonan una canción que dice: «Cuando esta iglesia te alaba, se desata desde el cielo tu poder». Fuegos artificiales estallan ante las miradas extrovertidas de miles de jóvenes que han viajado largas horas para estar allí. Estamos ganando otra batalla, anotamos un gol en los momentos decisivos del mundial, volvimos a vencer al rival.

Acaba de comenzar el primer minuto del resto de mi vida.

Corazón de caballero

«Muchacho, Dios nunca usará a una persona como usted».
El hombre estaba enojado, y su dedo huesudo me señalaba sin piedad. La frase fue lapidaria, incisiva, categórica. Su acento alemán estaba más acentuado que nunca, tal vez porque el nerviosismo escarbó en sus raíces más profundas. Ese pastor estaba enfadado, pero su sentencia hipotecaría mi futuro por mucho tiempo. Una frase así, solo hace que un muchacho de quince años crea que definitivamente es un fracaso.

En esencia, este es un libro de códigos secretos, de esas cosas que siempre quisiste preguntar y, como no te animabas, terminabas creyendo que eras el único con ese síndrome oculto.

¿Quieres sentir lo que pasa por el corazón de un joven acomplejado?, acompáñame y observa a este servidor, con unos frágiles quince años de edad. Lo que acaba de decir este patriarca alemán tiene algo de cierto:

no aplicaba para jugar en el gran equipo de Dios.

Desde los doce años tuve un gran problema de alimentación, mezclado con el inevitable crecimiento de la adolescencia. Podía consumir un cóctel de vitaminas, pero nada podía hacer que engordara una mísera libra. Mis piernas parecían, literalmente, las de un tero o un avestruz, las rodillas eran unas tapas que sobresalían deformemente por sobre el pantalón. Una nariz prominente y ojos saltones, terminaban de completar el menú para transformarme en alguien totalmente introvertido con un mundo interior en caos. No tengas en poco lo que trato de detallarte, solo los que han estado en esa estación de la vida, pueden recordarlo con una amarga sonrisa.

Esas horripilantes gafas que te transformaban en un sabelotodo poco popular y detestable. Esa barriga que sobresalía por sobre el cinturón, aunque tratabas de ocultarla parándote derecho y levantando el mentón. Esos dientes irregulares y amarillos (sé que es desagradable, pero ayúdame a hacer memoria), los zapatos especiales para pies planos. Las enormes orejas que no podías aplastar ni ocultar con el pelo. Los endemoniados frenillos en la dentadura, esa estúpida tartamudez cuando ibas a hablar en público, la voz aflautada y esos granos, oh, esos intrusos terroristas que se habían propuesto arruinar tu cara y el resto de tu reputación. ¿Has estado allí?, si reconoces ese amargo lugar de la desubicación y la estima destrozada, seguramente aún sonríes con cierto aire a dolor y nostalgia.

Todavía recuerdo mi apodo en el nivel secundario, me molestaba, me marcaba a fuego cada vez que lo pronunciaban. Mi estructura física era tan endeble, tan frágil, que me bautizaron «Muerto».

A la hora de elegir los equipos para un enfrentamiento deportivo nadie quería al «Muerto» entre sus filas.

—Ni siquiera sabe correr.

—No es que no sabe, no puede... ya se murió, está pálido, no tiene color.

A la hora de los chistes, un gordito con la estima hecha añicos, y el «Muerto» éramos el blanco perfecto para las bromas pesadas.

Pero lo peor llegaba con el verano, tres largos y febriles meses de tortura. Tenía que ingeniármelas para no usar pantalones cortos. Estos acentuaban mucho más mis piernas pálidas y raquíticas. A un acomplejado jamás le importa si hace demasiado calor, las mangas largas eran el refugio de unos brazos esqueléticos. La abundante vestimenta siempre parece protegerte de las ácidas bromas o las miradas indiscretas del prójimo.

Si a eso le sumas la patética frase de un pastor que, dominado por la ira, te apunta con su índice y te recuerda que estás fuera del equipo de Dios, entonces ya no vives, sobrevives.

Si a los quince años, todo el mundo que conoces, opina que estás «muerto», no tienes un futuro alentador.

Afortunadamente, la historia dice que mucha gente «muerta» decidió cambiar su destino.

Tu escudo de nobleza

—Algún día seré un caballero del rey —dice el niño rubio, mientras observa un desfile militar.

—¡Ja, ja, ja! ¿Un caballero? ¡El hijo de un techador quiere ser un caballero! —se burla un vecino algo viejo y molesto por los sueños de un niño demasiado ambicioso—, sería más fácil cambiar las estrellas, antes que seas un caballero.

El niño siente la daga del sentido común que lo atraviesa. La lógica dice que él no tiene sangre de nobleza, ya lo dijo el vecino: Es el hijo de un techador, apenas un reparador de goteras.

Sin embargo tiene una esperanza, débil, pero esperanza al fin. Es el boxeador que perdió en cada asalto, pero se juega uno más. Es el corredor que se dobla el tobillo faltando cincuenta metros para la meta, pero se reincorpora otra vez.

—¿Podré algún día cambiar las estrellas? —pregunta a su padre.

—Siempre que quieras, podrás cambiar tu estrella —responde el sabio techador.

El film se titula «Corazón de caballero» y narra la historia de alguien que logró cambiar su destino, trastrocó la lógica, se peleó con el sentido común. Debió ser techador, pero prefirió anhelar ser caballero. Se enroló en los combates como si fuese un noble, logró tantas victorias, que para cuando descubren que no tiene sangre de nobleza, ya es demasiado popular, demasiado campeón. Y un rey le otorga el verdadero título al mérito. Un corazón de león que cambia su futuro aunque esté «muerto».

Puedes cambiar tu estrella.

—Ustedes pueden impedir que yo sea médico —les dice Patch Adams a toda una comisión de importantes doctores—, pueden despedirme de la facultad de medicina. Pueden negarme el diploma. Pero yo seré médico en mi corazón. No pueden quebrar mi voluntad, no pueden detener a un huracán. Siempre estaré ahí. Ustedes deben elegir si desean tener un colega... o una espina clavada en el pie.

Los médicos escuchaban aturdidos al aspirante, que en pocos meses, con métodos poco ortodoxos como el humor, o la contención afectiva de los pacientes, había logrado sanar a mucha gente. Otra vez el mismo denominador: No eres noble, eres techador. Pero no se puede quebrar al que está decidido a cambiar su estrella, y Patch Adams, llegó a ser uno de los especialistas más reconocidos del mundo, fundando su propio centro asistencial, que luego se extendería a todo el planeta, con una terapia que revolucionaría al doctorado mundial.

¿Quieres oír una historia aun más fascinante? ¿Qué opinas acerca de sentarte en una cómoda butaca de cine y deleitarte con el largometraje que se perdieron de filmar los mejores guionistas de Hollywood? Siéntate y observa.

El hombre espera en la quietud de la celda. Una molesta gotera golpea sobre la áspera piedra. El calor es agobiante y denso, pero a esta altura de las circunstancias, la temperatura es lo que menos importa. Las moscas lo invaden todo sin piedad, pero no tiene sentido espantarlas; al fin y al cabo, pueden llegar a ser la única compañía digna de apreciar. Los demás presos observan al hombre con recelo. Acechan. Para ser honesto, los últimos meses fueron pésimos para el callado prisionero. Sus hermanos lo odian con todo el alma y le tendieron una trampa; una clásica rencilla familiar que terminó en tragedia, en viejos rencores arraigados.

El hombre es apenas la sombra de aquel muchacho que solía lucir un impecable traje de marca italiana, con un delicado toque de perfume francés. Ahora viste harapos, una suerte de taparrabo. Se comenta en la celda, que está marcado por la desgracia. Pudo haber sido libre, llegó a trabajar como mayordomo para un importante magnate. Pero los comentarios afirman que quiso propasarse con la bellísima mujer del millonario. En su momento, negó la acusación, pero «no pretenderá que creamos que fue ella quien lo acosó sexualmente», opinan.

«Si fuese como él dice, debió haberse acostado con ella», afirma un viejo recluso apodado «el griego», «una noche de lujuria le habría otorgado su pasaporte a la libertad».

El misterioso hombre sigue recostado sobre una de las paredes sucias de la prisión. Parece que supiera algo que los demás ignoran. Como si tuviese un hábil abogado que apelará su condena, o como si presintiese que la muerte está cerca y le aliviará tanto dolor injusto. Sonríe en silencio, sin alboroto. Técnicamente está muerto, sin esperanza. Pero ya no siente el calor ni le molestan los grilletes. Es como si pudiese ver tras los enmohecidos muros de la celda. Los demás presumen que está al borde de la locura. Pero el hombre espera como aquel que sabe que aún puede cambiar su estrella. Toma la celda como parte del plan, como el último escalón hacia el destino.

Las chirriantes puertas de acero se abren de golpe y dos guardias entran en escena. Buscan al hombre. Unos de los guardias tiene una voz gutural: «Faraón quiere verte, ha tenido un sueño y dicen que tú sabes revelarlos».

El prisionero no se sorprende. Sube los peldaños que lo alejarán para siempre de la celda, en silencio.

Reclusos, observen la espalda de este hombre, contémplenlo mientras se aleja. Si tienen la fortuna de estar vivos, la próxima vez que lo vean, lo encontrarán con vestimenta de rey, lucirá como Faraón. El magnate maldecirá haberlo despedido. La mujer confesará que lo acusó por despecho, injustamente. Y su familia se arrojará ante él, para implorarle misericordia. Los presos lo convertirán en leyenda.

«Yo lo conocí cuando era un don nadie, y se sabía que iba a llegar lejos, siempre lo supe», alardeará y mentirá «el griego».

José gobernará la nación, ocupará el sillón presidencial y administrará los graneros de Egipto. Aprenderá a ganar, experimentará el sabor de la victoria.

Puedes cambiar tu estrella.

Solo necesitas seguir entero por dentro, con espíritu inquebrantable. Con corazón de león. Y tomar desprevenidos a los fotógrafos que solo se dedican a observar las primeras figuras. Los comentaristas y las comisiones de ética opinarán que no se explican de dónde pudiste haber salido, no tienes trayectoria, estabas muerto. Ellos esperan que se incendie un ciprés, pero arde la zarza. La lógica sostiene que mueras como un pescador de un remoto Capernaúm, pero sanas enfermos con la sombra. Colocan las cámaras y los móviles de televisión para hacer una gran transmisión satelital desde el palacio, pero el rey decide nacer en un establo.

«Ustedes pueden negarme un diploma del seminario bíblico. Pueden impedir que sea un predicador con credenciales, pero seré predicador en el corazón. No pueden quebrar mi voluntad, no pueden detener a un huracán. Siempre estaré allí. Ustedes deben elegir, si desean un predicador colega... o una espina clavada en el pie».

Estoy seguro de que los compañeros de secundaria que me apodaron y se burlaban de mi raquítica humanidad, no relacionan a aquel «Muerto» con el hombre de hoy. De hecho, uno de ellos, ya con treinta años de edad, conoció a Cristo en una de mis cruzadas multitudinarias en el estadio River Plate y jamás sospechó que él fue el compañero de banco del predicador de esa noche.

«Conocí a un Gebel en la secundaria», le confesó a su esposa esa misma noche, «se llamaba igual que Dante Gebel, el pastor de los jóvenes, pero aquel era un idiota».

No lo culpes. Cuando no eres popular y te destrozaron la estima, solo se te recuerda al repasar un viejo anuario, en una foto amarillenta. El infeliz del penúltimo banco.

Dos semanas después de aquella cruzada, cuando se dio cuenta de que aquel idiota era el mismo que había predicado ante sesenta mil jóvenes y le presentó a Cristo, se sintió como uno de los hermanos de José.

Ahora, detente un momento.

Tal vez no me expresé bien: no te pedí un poco de atención, quiero toda tu atención.

Obsérvame con cuidado.

Techador.

Esclavo.

Acomplejado.

Preso en la oscura celda del complejo.

Sentenciado por el dedo huesudo de un líder sin piedad.

Quiero que entiendas lo que voy a decirte. Cierra tu puño con fuerza porque vas a cambiar tu herencia. Aún me recuerdas a mí cuando tenía quince años; no dije que cerraras un poco la mano, dije: Cierra tu puño con fuerza hasta que casi sientas que puedes clavarte las uñas en la palma. Tengas quince años... o cincuenta.

Nunca olvides estas palabras: tienes corazón de caballero, posees la llama sagrada. La espada del Gran Rey se posa sobre tu hombro derecho y ha de cambiar tu futuro para siempre.

Ahora, escucha las palabras del Rey.

Una por una.

Mastícalas, digiérelas.

Memorízalas para siempre.

Transfórmalas en tu lema, tu escudo de nobleza:

Puedes cambiar tu estrella.

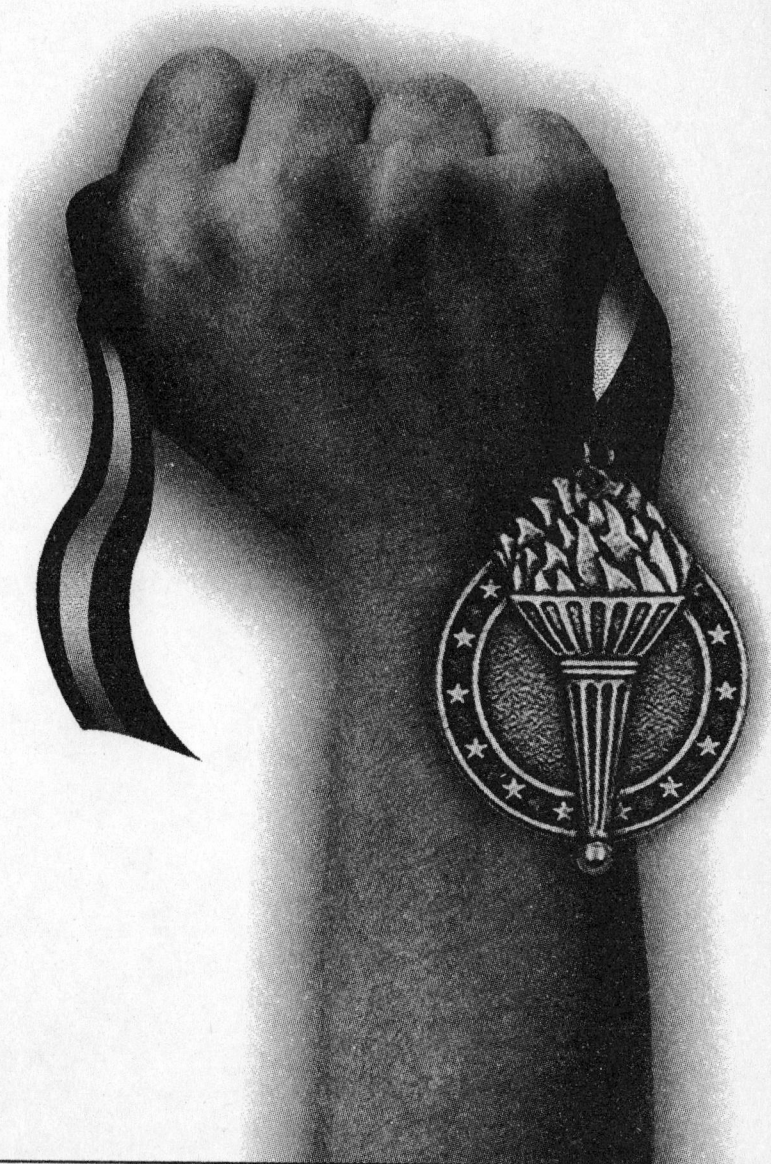

Las ligas mayores

Ha sido un ladrón de toda la vida.

Cualquier mafioso tiene códigos, gente a la cual nunca debiera robarles. Pero él los desconoce por completo. A los siete años visitó el primer correccional de menores y más tarde recorrería todos los de su ciudad. Alguien, conocedor de la mala gente, vaticinó que ese pequeño nunca llegaría a ser una persona decente, y no se equivocó. Tal vez existan mortales que ya nacen con una mala marca, una especie de karma, algo que los predispone antes de la vida adulta. Este, damas y caballeros, es el típico caso.

Sin padres reconocidos y mucho menos alguien que hubiese considerado adoptarlo. Se comenta por el barrio natal, que carga con diez muertes en su haber. Otros opinan que muchas más. Todos lo saben, pero nunca se pudo probar nada.

Cuentan que al llegar a los treinta y pico, entró en la mafia grande, la de los amigos importantes, las influencias del poder. Y tal vez por eso, nunca se le comprobó ningún delito. Todos saben que es ladrón, cualquier hijo de vecino no desconoce al mafioso que la propia ciudad engendró. Desde el alcalde hasta el juez, conocen que maneja negocios turbios. Droga, mercancía robada, trata de blancas. Pero es su vinculación con el poder lo que le ha dado tanta impunidad. Se ríe de los jueces y juega su turbulenta vida ante la mirada absorta de los inocentes.

Pero el poder cambió. Tal vez alguna treta política le jugó una mala pasada, o quizá un juez escrupuloso no permitió que alguien le pusiera precio a su deber. Y desde hace un año, está privado de la libertad. El periódico lo festejó colocando la noticia en la primera plana de la edición dominical. Los ciudadanos respiraron cierto aire de justicia, tardía, pero justicia al fin. Los políticos utilizaron el encierro del mafioso para su campaña. Algún poderoso influyente hizo extensas declaraciones en la televisión local, acerca de «cómo actúa la justicia de nuestro país».

Si hubiese un hipotético y mínimo chance de que algún preso fuese liberado, este no es el caso. No debe existir un solo ciudadano de bien que no se alegre por el justo encierro del oscuro personaje. Los que tenían miedo, declararon. Y un hábil fiscal pudo probar cada delito. Y dicen también, que ningún abogado pudo defender lo indefendible. Lo sentenciaron a cadena perpetua.

Pero todo eso fue hace un año. Los primeros doce largos meses del resto de su vida en prisión. Hoy es un día festivo en la ciudad, y la costumbre es darle un «regalo». Un premio irónico. En el día de la fiesta, la gente puede votar para que el gobierno suelte a un preso, tal vez para darle una nueva oportunidad.

El nefasto hombre no aspira ni a soñar conque pueda contar con ese deseo. La gente lo odia demasiado. La prensa se le tiraría encima al gobierno como leones hambrientos. No. No existe la posibilidad de pensar en la libertad... a menos que... existiese alguien a quien la gente odie mucho más que a él. Un violador de niñas, tal vez. O un ladrón con menos códigos que él mismo. Un caníbal, una bestia que mate ancianas, un Hitler, algún azote venido del mismísimo infierno. Si hubiese tal persona, por una logística comparación, el mafioso podría ganarse el olvido de su condena y aspirar otra vez la calle. Pero no vale la pena la ilusión, no existe alguien peor que él mismo, y lo sabe.

De pronto, alguien interrumpe su delirio, es un guardia. Seguramente lo llevará al «agujero» de castigo o lo golpeará hasta desangrarlo, al fin y al cabo, es lo que le ha sucedido durante todo este infernal año. Pero el guardia no parece disgustado.

Ya no entiendo a este país —comenta el hombre de seguridad—, el maldito pueblo ha votado por hacerte un pájaro libre y encerrar a otro en tu lugar.

El afamado ladrón no da crédito a lo que acaba de oír: el pueblo ha votado para liberarlo. Algo no está bien, o el país enloqueció o quizá apareció alguien que despierte más odio popular que él mismo.

Otros dos guardias le entregan su ropa de civil. Un escribano constata su firma en el libro de salidas de la penitenciaría. Es demasiado milagroso, demasiado irreal para una sola tarde. Es un contrasentido. El hombre condenado a cadena perpetua será liberado gracias al mismo pueblo que lo encerró.

Afuera le aguardan los periodistas, las cámaras, los grabadores, los reporteros que se apretujan por la primicia. El ladrón gana la calle y los micrófonos lo apuntan. Quieren saber su reacción, necesitan al menos una palabra suya. Alguna declaración.

El mafioso solo pregunta. Debería responder, pero quiere saber. Pregunta quién es el monstruo que será condenado en su lugar. Quiere, por lo menos, saber el nombre de la bestia que lo suplantó en las elecciones de la muerte.

«Jesús de Nazaret», responde una cronista del canal de

noticias, «la gente te prefirió a ti, antes que al tal Jesús». El hombre no entiende mucho, y se abre paso entre la turba. Tiene demasiadas cosas que preguntar, muchos interrogantes sin respuesta. Tiene libertad pero, por alguna curiosa razón, no la disfruta, no la comprende.

El tal Jesús tiene que ser demasiado importante para ocupar su lugar o muy loco para ganarse el odio de toda la ciudad. O tiene pocas influencias en el poder o, quien sabe, tal vez se trate de alguien que haga historia.

El hombre se detiene en el medio de la nada y solo tiene un deseo. Uno tan fuerte como lo fue el de la libertad. El mafioso quiere conocer quién lo reemplazó. Quiere saber quién cargó con tanto odio, quiere saber quién le regaló, indirectamente, la libertad y una segunda oportunidad. Casualmente, en los próximos dos mil años, todos se harán la misma pregunta. Todos lo querrán conocer. Millones, en todo el mundo, se preguntarán por qué el tal Jesús se dedica a cargar con odios ajenos. Por qué reemplaza a delincuentes. Es la incógnita divina, él es verdadero amor, el inexplicable estilo Dios. Todos querrán preguntarle a Jesús «por qué».

Por ahora, el primer hombre de la historia en preguntarlo es un mafioso que acaba de ser libre injustamente, como si una mano divina hubiese intervenido.

De espectador a titular

Estoy seguro de que pensabas que no tenías nada en común con Barrabás, hasta que lo ves de esta manera: tú solo eras un simple espectador de logros ajenos. No juegas el partido, solo compras el boleto para verlo cómodamente desde las gradas.

«La Copa de Oro es solo un placer reservado para los ganadores», piensas.

No te inclinas para agradecer los vítores de la multitud, tú estás entre los que aplauden. No te sacan fotografías, tú compras el periódico de las noticias para ver cómo luce el equipo campeón.

No te piden declaraciones, jamás te harán un reportaje ni firmarás autógrafos. Eres parte de la masa que observa. A lo sumo, gritas los goles o te dedicas a opinar.

—No me gusta el entrenador.

—Los asientos no son tan cómodos y hace frío.

—El juez del partido tomó una decisión que me desagrada.

—No debió expulsar a ese jugador.

—Debió haber expulsado a aquel.

—El campeonato es demasiado largo, no me agrada esta manera de jugar.

—Recientemente leí un libro acerca del fútbol y creo que ahora sé más que el director técnico.

—Casi podría jugar. Desde niño mis padres me han traído a ver los partidos.

Pero en el fondo, sabes que no hay posibilidad de que estés en el equipo. Aun si eligieran a un integrante del público al azar, solo habría una remota posibilidad entre cien mil o más.

Entonces te convences de que solo naciste para mirar y opinar. Para oír grandes sermones ajenos y deleitarte con los testimonios de modelos terminados. No estás en la reserva. Ni siquiera eres una segunda opción. Solo vas a dedicar tu vida a mirar los partidos y aplaudir al campeón.

Es entonces cuando sucede.

Un campeonato mundial. Compras tu boleto y te ubicas en una posición donde puedas observar todo el estadio. El equipo sale al césped central. Va a ser un gran juego, televisado a todo el planeta. Los flashes fotográficos transforman el lugar en una tormenta eléctrica virtual. Y entonces, el director técnico se da media vuelta y busca entre la multitud.

Hay cien mil almas que colman el monumental estadio. El entrenador habla al oído de su jugador central, la figura del equipo, la estrella, el número diez. Y el jugador comienza a subir las gradas, apretujado por la multitud que lo aclama.

Aún no comprendes lo que sucede. El gentío abuchea al entrenador por retrasar el inicio del partido, mientras que la figura central del juego sigue escalando las gradas laterales. Se está acercando a ti, te busca con la mirada.

«No existe la más remota posibilidad de que esto esté ocurriendo», piensas, «debe ser una broma pesada, una cámara oculta para el programa de los sábados».

Ahora, el genio del fútbol, el multimillonario jugador, el astro de la noche está frente a ti, completamente agotado.

—El entrenador quiere que yo te reemplace —dice.

—¿Que me qué?

—Que te reemplace, que ocupe tu lugar.

—Debes estar equivocado, yo solo soy un espectador, solo vine a mirar —explicas.

—Por favor, no retrases el juego. Me sentaré a observar; tienes que bajar a jugar.

—Pero... es que yo no... bueno, tú eres... yo solo vine a...

Ahora sí la multitud está enojada. Cien mil espectadores observan la charla desde todos los ángulos del estadio. El abucheo es ensordecedor. El director técnico sigue en el centro del césped, esperando tu decisión.

—Por favor, baja al césped. Estás en el equipo. Es un cambio estratégico del técnico. No retrases el campeonato —dice el mejor jugador del mundo, mientras se sienta en tu grada y te da su camiseta.

¿Te parece una historia irracional? Entrevístate con Barrabás y pregúntale qué sintió cuando el Campeón ocupó su lugar. No sabemos qué pasó luego con el afamado ladrón ni tampoco si alguna vez jugó en el gran equipo. Pero estoy seguro de lo que sintió cuando fue reemplazado. Nunca olvidas ese día.

Puedes olvidarte del lugar donde Dios te puso, pero jamás olvidas de dónde te sacó.

ERES UN LADRÓN. NO PUEDES INGRESAR A ESTE CENTRO COMERCIAL. LO QUE HICISTE FUE DESASTROSO.

No, no están hablando de Barrabás, corre el año 1990 y están señalándome a mí.

Fui el gerente de ventas más joven de la empresa, pero algo se interpuso en el camino. Yo estaba absolutamente seguro de que jamás podría servir a Dios. Me faltaba carácter, una estima saludable y carecía de determinación. Así que me dediqué a ser vendedor.

Me esforzaba por ser el mejor, pero era un caos como administrador. Tan pronto estuve a cargo de mi propio negocio, supe que aún no estaba capacitado para liderar gente ni para administrar dinero. Una noche, los gerentes generales hacen un inventario y descubren que falta mucho dinero en mercadería. Gritos. Amenazas. Acusaciones entre los empleados y telegramas de despido para todos, incluido yo. Hasta me restringieron la entrada al centro comercial donde trabajaba, era un «individuo peligroso», un ladrón.

Es ahí cuando te convences de que solo puedes ser un espectador de las cosas de Dios. Si ni siquiera calificaste para ser un simple vendedor, olvídate de soñar con lo santo. Compras tu boleto y te sientas a mirar el partido. Lees libros y te alimentas de las experiencias de otros. El que alguien ponga la mirada en ti, es una utopía, una fábula.

Pero el Entrenador decide reemplazarte. Y te invita a integrar el equipo. Eras del montón, ahora eres único. Te llamaban multitud, ahora tienes apellido. Eras gris, ahora vistes la camiseta oficial del campeonato. Ya no llevas binoculares, ahora lo vives de cerca. Ya no sacas fotografías ni pides autógrafos, ahora te dedicas a ganar copas y medallas de oro.

¿Recuerdas las palabras del entrenador cuando te invitó a integrarte a las grandes ligas?, si aún no te ha llamado, cuando ocurra, graba sus palabras. Todavía recuerdo lo que me dijo, jamás lo olvidas. Fue en San Nicolás, una bella ciudad casi remota de la enorme provincia de Buenos Aires.

«Dante, ya no te puedes volver atrás. Te he escogido para que prediques a miles de mis pequeños. "Pastor de los Jóvenes" te dirán, "evangelista del nuevo siglo". Todos tus sueños te seguirán y se cumplirán, uno a uno. El día que pares de visionar, dejarás de crecer. Creas o no, yo te di el ministerio. Irás a las naciones sin descanso, saldrás y volverás a entrar».

Cuando alguien te recuerde que eres un ladrón, menciona las palabras del entrenador. Cuando alguien te muestre una fotografía amarillenta de tus complejos, repite la frase del director técnico. No importa si nunca jugaste o si estás demasiado acostumbrado a ser espectador. Primero tienes que convencerte de que puedes cambiar tu estrella; luego, solo necesitas que te convoquen para jugar en las ligas mayores. El resto es entrenamiento, trabajo duro y acostumbrarse a ganar.

El puño del campeón

Él le propone matrimonio en un arrebato de pasión y tal vez verdadero amor. Alguien decide que finalmente se dedicará a su verdadera carrera y vocación: la medicina. Ella deja sus distracciones e ingresa al Seminario Bíblico con el propósito de prepararse para trabajar en algún remoto lugar del mundo. Un adolescente toma la decisión de ser el mejor en el fútbol y, a partir de ahora, trabajará muy duro para lograrlo. Ambos cónyuges finalmente concuerdan en que ella no debe abortar, y tendrán a ese hijo. Todos tienen un denominador común: decisiones fundamentales que ahora parecen sencillas, pero afectarán su propio futuro e, inconscientemente, el de los demás.

El primero dejará de ser un soltero sin preocuparse por el pantalón que usará el sábado, para transformarse en el eje de una familia. Otro salvará cientos de vidas en un hospital, desde una sala de emergencias. La chica que una vez decidió prepararse en el seminario, ahora predica en un rincón de Nueva Guinea. El otro es un reconocido futbolista y acaba de firmar un contrato millonario para jugar en Italia. La pareja que una vez decidió no abortar, hoy escucha a su hijo dar su discurso presidencial desde la Casa Blanca. Decisiones que causan un golpe cósmico en algún lugar. Decisiones que afectarán generacionalmente a otros. Pequeñas decisiones que pasarán inadvertidas para cualquier escritor de grandes acontecimientos pero que, con el correr del tiempo, se transformarán en historia grande.

Conozco una de esas historias, que habla de esas sencillas y trascendentales decisiones.

Era una fría mañana de mayo y el hombre pasaba el cumpleaños más triste de toda su existencia. Cumplía sus primeras cinco décadas de vida y el saldo no era favorable. Su esposa había enfermado hacía unos cuantos años. No importaba cuántos, fueron eternos. El hombre, carpintero de oficio, había visto cómo gradualmente el cáncer se llevaba lentamente a la compañera de casi toda una vida. Era una enfermedad humillante. ¿Cuándo fue la última vez que este hombre de manos rústicas había dormido toda la noche? Casi no lo recordaba. Todo se había transformado en gris desde que el maldito cáncer llegó a casa. Su esposa no tenía el menor parecido con la foto del viejo retrato matrimonial que colgaba sobre una de las paredes del dormitorio. Ahora solo era un rostro cadavérico, níveo, sin color y por debajo del peso normal de cualquier mortal.

«Usted es una señora adulta», había dicho el médico, «váyase a casa y... espere».

El hombre, temperamental y de manos rudas, sabía lo que había que esperar. Lo inevitable. Aquello que le arrebataría a su esposa y madre de sus cuatro hijos. Sin piedad, sin otorgarle unos años más de gracia. El putrefacto aliento de la muerte parecía llenar la atmósfera con el pasar de los días. La bebida era como una anestesia para el viejo carpintero.

Por lo menos, por unas horas no estaba obligado a pensar. Por el tiempo que durara la borrachera, tendría un intervalo en medio de una vida que no le daba tregua. Había cualquier tipo de alcohol diseminado por toda la casa; en los armarios, la nevera, el garaje, el galpón y hasta una botella en el aserrín de un viejo y enmohecido barril. Este era su cumpleaños. El hombre festejaba un año más de vida y un año menos junto a su esposa.

El gemido de su esposa lo despertó del letargo.

«Recuerda», dijo suavemente la mujer, «que hoy estamos invitados a ir a esa iglesia».

El hombre hizo un gesto de disgusto. Había sido luterano desde su niñez y hacía años que no pisaba una iglesia. Apenas recordaba algunas canciones religiosas en idioma alemán que se entonaban en su pueblo natal. Pero el pedido de su mujer no era una opción, era un ruego desesperado. Tal vez el último deseo de quien lucha cuerpo a cuerpo con el tumor que se empecinó en invadirlo todo. Un último intento por acercarse a Dios antes de partir para siempre. El carpintero de las manos rudas y aliento alcoholizado, asintió con la cabeza. La iglesia no quedaba muy cerca, pero cuando el cáncer se instala en un hogar, a nadie le importa el tiempo y las distancias. Ya nadie duerme en la casa del carpintero.

Esa noche, la del cumpleaños, el matrimonio llegó con sus dos hijos menores a la remota iglesia de una ciudad llamada Del Viso, en el inmenso Buenos Aires. Los que lo vieron, dicen que él se apoyó en la pared del fondo y oyó el sermón.

«Linda manera de festejar el cumpleaños», habrá pensado en tono irónico.

Pero continuó allí con cierto respeto, viendo como su esposa lloraba frente al altar. Casi ni oyó el mensaje, pero presintió que debía acompañar a su mujer y, lentamente, el hombre que escondía botellas de alcohol en el aserrín, pasó al frente. Los dos tomaron una decisión. Aceptaron a Cristo como su único y suficiente Salvador. Una sencilla decisión que no pareció demasiado histórica, y estoy seguro de que muy pocos esa noche se percataron del carpintero y su enferma esposa. Pero a ellos les cambió la vida para siempre.

Ella observó cómo el cáncer retrocedía poco a poco hasta transformarse milagrosamente solo en un mal recuerdo. El hombre se deshizo de todas las botellas de alcohol y jamás volvió a tomar. Lo que comenzó como un mal día terminó con una decisión que afectó el futuro para siempre.

El viejo carpintero se dirigió a su galpón y levantó su puño al cielo. Ahora está decidido a tomar una determinación radical y categórica. Ese no es cualquier puño levantado en un desvencijado galpón, es el puño del campeón. Nunca más volverá a beber. Jamás dejará a Dios. Es una promesa. Una decisión.

Ocurrió un primero de mayo del año 1975. El carpintero de las manos rudas jamás se hubiese imaginado que debido a aquella determinación, no solo afectaría a su familia, sino a miles de personas en todo el mundo. Su hijo menor, que por aquel tiempo tenía apenas siete años, hoy predica a cientos de jóvenes en casi todo el planeta y, entre otras cosas, escribe este libro.

Un último asalto

¿Recuerdas al muchachito que tenía corazón de caballero?, siempre puedes cambiar tu estrella, pero necesitas determinación. El Señor puede llamarte a jugar en las grandes ligas, pero si no tomas decisiones, tu vida ha de estar marcada por la mediocridad. Él puede insistir en que seas campeón, pero no te obligará.

El glamour de la visión termina en el momento en que tienes que firmar un contrato. No puedes darte el lujo de quedarte a vivir frente a la zarza que no se consume. A lo largo del ministerio, me he encontrado con muchísima gente que tiene visiones, se embriagan con grandes sueños, pero les falta determinación y nunca logran vivir lo que visionaron.

Sé lo que estás pensando: «Bueno, si estuviera seguro de que Dios me habló o me envió a hacer tal cosa, no dudaría ni un segundo en hacer lo que me pide».

Yo pensaba lo mismo, hasta que tuve que estampar mi firma en contratos millonarios. A los veinticuatro años de edad, alquilé el primer gran estadio para una cruzada. Aunque solo era una visión, era divertido, adrenalínico. Pero cuando el dueño del estadio me miraba como a un insecto y decía: «¿Está consciente de que el alquiler del estadio cuesta sesenta mil dólares por una sola noche de cruzada y debe abonarlo por adelantado?», es exactamente ahí cuando quieres huir del planeta, por razones de sentido común. No tienes dinero, no te conocen, no posees respaldo financiero, estás solo; pero necesitas tomar una determinación. Una decisión que podría afectar a otros miles y tu único respaldo es la zarza que viste en la intimidad.

Ponte un poco más cómodo, que quiero contarte algunos secretos que pocas veces he expresado; me he prometido no ocultarte nada.

Durante el año 1998, nuestro ministerio estuvo en serios tratos con el gobierno de la ciudad de Buenos Aires para realizar una gran cruzada en la Plaza de la República, el sitio que es más conocido por su obelisco. Hasta ese momento, nunca se había hecho una concentración cristiana masiva en el centro de la ciudad. Estábamos seguros de que Dios nos había dado la orden, pero aún no teníamos el permiso oficial de la ciudad.

Por aquel entonces, teníamos un programa de televisión que se emitía todos los sábados por el canal estatal; así que empezamos a anunciar una gran cruzada, un megaevento en el corazón de Buenos Aires, el popular obelisco. Hicimos miles de afiches que diseminamos por todo el país y promovimos el evento en todas las emisoras radiales de la nación. A los pocos días, estábamos sentados frente a uno de los representantes del jefe de gobierno de aquel entonces, el Dr. Fernando de la Rúa.

—A ver si nos entendemos, Gebel —me dijo mirándome por sobre sus anteojos—, usted no puede promocionar un evento multitudinario en el obelisco de la ciudad si antes no le otorgamos el permiso, ¿está claro?

El hombre estaba molesto, se podía percibir en el ambiente. Su escritorio era inmenso, una enorme biblioteca atiborrada de libros de código penal le daban un marco frío, impersonal. Fumaba un horripilante cigarro y, de vez en cuando, arrojaba las cenizas en un cenicero rodeado de fotografías que lo retrataban junto a famosos funcionarios del país.

—Esta ciudad tiene dueño —dijo con tono impertinente— y usted, jovencito, no me puede hacer una concentración aquí. No podemos permitir un caos en el tránsito, calles cerradas e hipotéticos incidentes lamentables.

—Entiendo perfectamente lo que me dice —dije casi a media voz— pero ya hicimos la publicidad en todo el interior del país; no creo que podamos detener a cientos de jóvenes que vendrán en ómnibus desde distintos puntos del país.

Hubiese querido explicarle que además Dios me lo había dicho. Que estaba obedeciendo órdenes divinas, que había tomado una decisión que no podía revocar, pero el funcionario era expeditivo y austero de palabras. Así que, opté por esperar su respuesta. El hombre hizo un silencio eterno, mientras aspiraba el humo del tabaco e intoxicaba sin piedad la fría oficina. Entonces, eligió subestimarme.

—En el caso de que le otorgáramos el permiso oficial, ¿cuántos jóvenes cree que va a reunir en el obelisco?

—Más de ochenta mil —contesté sonriendo.

—No se desmoralice, pero el único que reunió a esa gente aquí se llama Ricky Martin y, que yo sepa, usted no canta. Póngase en mi lugar, si le doy el aval para realizar ese evento, cierro las calles, dispongo a la Policía Federal, genero un caos en la ciudad, y a usted lo vienen a escuchar su mamá y su abuela, y yo pierdo mi puesto. ¿Me entiende, Gebel?

Ahora quiero que dejes simplemente de leer el libro y me acompañes a esa oficina. Imagina que estás sentado allí conmigo, intoxicándote con el humo y congelándote el alma. Este hombre que nos mira por sobre sus gafas y entre el humo de su cigarro, no está bromeando. No es tu líder de jóvenes tratando de desalentarte con respecto a la reunión del sábado próximo. No es tu esposa diciéndote que no cree tener tiempo de prepararte la cena. Tampoco es un patrón que no puede aumentarte el salario. Este hombre representa al gobierno y todo lo que dice tiene razón desde la óptica del sentido común. Si él no quiere, no hay permiso oficial. Si se enoja, estaremos fuera de su oficina y fuera de carrera. Y ahora, quiere que lo convenza de que compartimos la misma popularidad con Ricky Martin. Que llegarán más de ochenta mil personas allí, simplemente porque a mí se me ocurre.

¿Ves? Sabía que me ibas a abandonar. Quieres levantarte respetuosamente de la silla, excusándote de que todo esto fue un error. Nos vamos rápido y todo olvidado, esto es una locura. ¿En qué pensábamos cuando solicitamos esta entrevista?

Pero si quieres ser campeón, debes tener corazón inquebrantable. Debes tener determinación. Cuesta un horror, pero hay que intentarlo. No puedes volverte atrás ahora.

En los juegos olímpicos que se llevaron a cabo en Seúl, Corea, en la final de los cien metros «mariposa» de natación, Matt Biondi era el favorito. Al mirar a los dos nadadores que venían en los carriles cerca del suyo y viéndose delante de ellos, no dio la última brazada. Error terrible. Anthony Nesty, a quien no veía, llegó antes y se llevó el oro.

Así que no puedes permitirte no dar la última brazada. Un último esfuerzo, otro round.

—Mire, estoy consciente de que no soy una estrella pop —le dije respetuosamente, luego de tomar aire—, pero si no me otorga el permiso, en lugar de un evento, habrá una enorme manifestación. No puedo reprimir a la gente, apenas faltan veinticuatro días y, créame, cuando le digo que colmaremos la ciudad.

No sé qué se le cruzó por la cabeza, pero el hombre sonrió o al menos trató de hacerlo. Tal vez le parecí un demente o, en algún rincón del alma, le caí bien. Volvió a aspirar su cigarro durante una eternidad, se reclinó sobre su sillón verde y me dijo en tono irónico:

—Está bien. Esto es lo que haremos. Voy a hacer todo lo posible para que el gobierno de la ciudad le otorgue el permiso, pero aun así, si usted logra convocar a veinte mil personas, solo veinte mil, yo le ofrezco una oficina y un escritorio en el gobierno.

Había sido una enorme victoria. Aun a pesar de que el funcionario me subestimaba, sentía que Dios se traía algo entre manos. En menos de diez días, teníamos el permiso que tanto anhelábamos, ahora solo había que trabajar duro para una enorme cruzada.

Dos días antes del evento, el 10 de diciembre, se levantaba un imponente escenario frente al obelisco de la ciudad. Enormes pantallas gigantes a los lados, un despliegue de sonido inimaginable se erguía en grandes torres sobre la avenida principal, pero te equivocas, no era nuestro evento. Estaban preparando «la fiesta del tango», organizada por la secretaría de cultura, que dependía directamente de la presidencia de la nación. Una fiesta de tango, el género musical más popular de Argentina, organizada para el mismo día, a la misma hora y en el mismo lugar.

Llamé de inmediato a mi ocasional amigo funcionario.

—Tiene que haber un error —dije temblando—, usted me dio el permiso oficial para realizar una cruzada de jóvenes en el obelisco, pero me acabo de enterar de que para ese mismo día, a la misma hora y en el mismo lugar, habrá una fiesta del tango.

—Así es. En realidad usted quedó en medio de una terna política. Le dimos el permiso como gobierno independiente de la ciudad, pero la fiesta del tango la respalda el propio presidente. Lo siento.

—Entonces, ¿qué se supone que debo hacer? —le pregunté indignado—, ¡no puedo suspender todo dos días antes!

—En fin, eso lo decide usted. Si quiere arme su escenario enfrente. ¿No dijo que juntaba más gente que Ricky Martin? vamos, Gebel, que gane el mejor.

Parecía una broma de mal gusto. Un pesado chiste fuera de lugar. Dos escenarios enfrentados a solo veinte metros. El mismo horario de inicio para ambos eventos, el mismo día. Dos altares. El evangelio y el tango. David y Goliat. Los baales y Elías.

Suena épico, pero aún recuerdo lo que sentíamos mi esposa y yo. Náuseas. Jaqueca. Mareo. Dolor de estómago. Y preguntas, muchas preguntas. Queríamos hacer una cruzada, no una guerra.

«Mi consejo, es que no sigas con esto», me dijo un pastor por teléfono, «yo no puedo permitir que los jóvenes de mi iglesia vayan a una concentración donde pueden desatarse incidentes. La fiesta del tango la organiza el propio presidente de la república. En tu lugar, cambiaría el evento para un futuro cercano».

Determinación bajo presión. Decisiones tan mortalmente serias que afectan el futuro de miles. Sencillas decisiones que generan un golpe cósmico espiritual.

En las olimpíadas de Sydney, el luchador americano Rulon Gardner determinó que podía ganar al favorito, el ruso Alexandre Kareline, conocido como King Kong, que jamás había perdido una sola lucha en trece años. Y logró la medalla.

Misty Imán, una nadadora desconocida, le arrebató el título a Sussie O' Nelly en los doscientos metros. O'Neill tenía la marca mundial en su especialidad, hasta que alguien determinó que podía ganarle.

¿Recuerdas al viejo carpintero?, cada vez que veo a mi papá no puedo olvidar el día en que cerró su puño y determinó no volver a beber nunca jamás, y ya lleva veintisiete años desde aquella sabia decisión. Un campeón no puede abandonar la carrera faltando cien metros.

En Munich, en 1972, en la carrera de los diez mil metros, el sueco Lasse Viren rodó por el suelo. El resto de los competidores le quitaron cincuenta metros de ventaja, pero Lasse se reincorporó. Él no fue hasta ahí para quedar octavo o noveno, o pedir una segunda oportunidad. Así que no se recostó en la pista, siguió corriendo como nunca, y alcanzó a sus rivales. Llegó primero a la meta y batió el récord mundial: 27 minutos y 38 segundos.

No puedes dejarte intimidar por el rival, aunque sea el mismísimo presidente. Y si no me crees, cuando vayas al cielo, pregúntale a Moisés. Dile que te cuente acerca del Faraón y su corazón endurecido. Interrógalo con respecto a la diferencia entre lo que sintió frente a la zarza y más tarde frente al feudal gobernador de Egipto.

Cuando recibes la visión, te sientes un héroe; pero cuando

estás cumpliendo la orden y bajo presión, llegas a pensar que Dios se equivocó de hombre.

Al fin, el 12 de diciembre de 1998, a las nueve de la noche, comenzó la cruzada en el obelisco, y a esa misma hora, la fiesta del tango. Ellos convocaron a seiscientas personas, nosotros a cien mil. La prensa estaba conmovida. Uno de los más importantes matutinos del país lo describió así: «La fiesta tradicional del tango se vio opacada por una megaconcentración cristiana donde se promovieron los valores y el predicador pregonó la necesidad de que la Argentina se volviera a Dios».

Históricamente, cien mil jóvenes colmaron la avenida principal de la ciudad y exaltaron a Jesucristo durante más de cuatro horas. Fue una de las victorias del Señor más grandes de nuestro ministerio.

Aquel funcionario del gobierno que nos había subestimado y no paraba de fumar, me llamó una hora antes del evento y me dijo que el Dr. Fernando de la Rúa podía estar en nuestro escenario. Cuando le recordé por teléfono que prometió darme un escritorio en el gobierno, solo dejó oír una ahogada risa. Aun así lo recibimos cordialmente y oramos por él y el entonces jefe de gobierno.

La fiesta del tango apenas duró una hora y abortaron el acto. No teníamos nada contra ellos, solo que nosotros teníamos el permiso y ellos eran los virtuales intrusos.

Aunque aún no hayas reunido el dinero, no abandones. A pesar de que la enfermedad avance, no te detengas. Aun después de ese desengaño amoroso o luego de esa amarga decepción, vuélvete a incorporar. No permitas que el rival te subestime y se quede con tu título. Una última brazada puede hacer la diferencia entre la derrota y el oro. Puedes levantar el puño del campeón al cielo y tomar una decisión.

Una simple determinación siempre afectará a una multitud. Y si aún te quedan dudas, pregúntale al viejo carpintero.

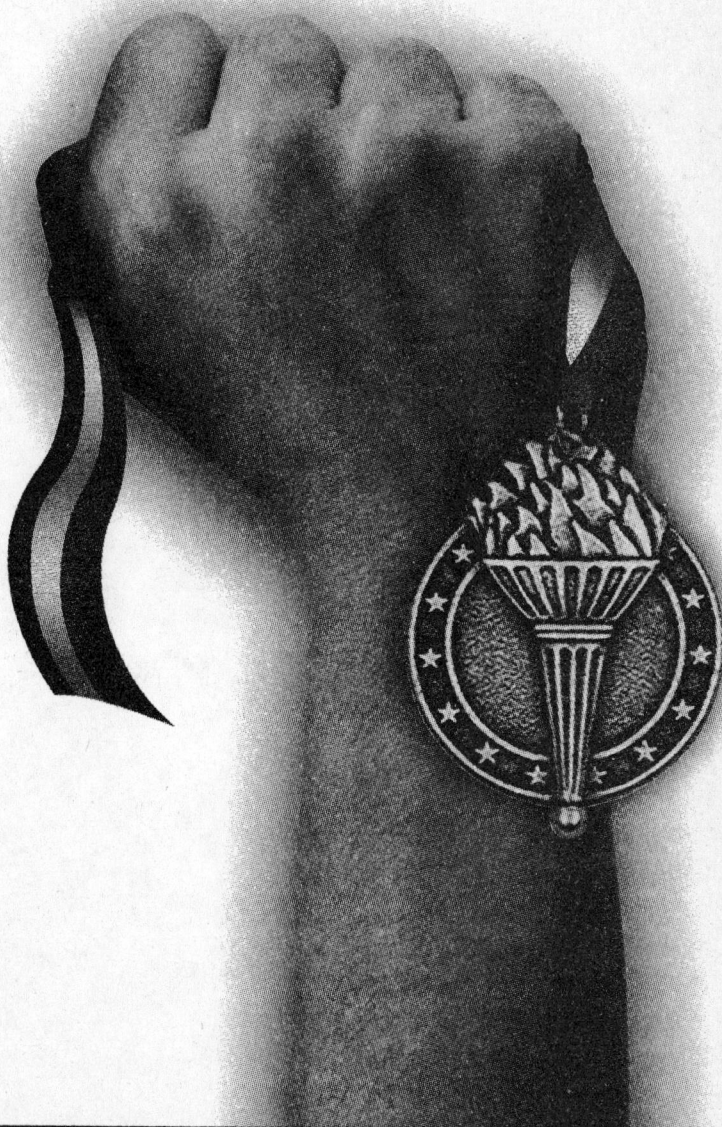

CAPÍTULO 4

Expediente borrado

Su esposa se lo había dicho antes de salir de casa: «Ese no iba a ser un buen día».

Era un extraño presentimiento que le rondaba por la cabeza hacía semanas. Su esposo convivía con el peligro y la muerte era muy posible en la disipada vida de su amado; cualquier día, podía ser el último que lo viera con vida. Pero esta vez, era distinto.

Ella sentía un helado presagio, una nefasta premonición. Y ahora, el llamado telefónico le quitó cualquier duda.

—¿Señora de López?

—Ella habla.

—Le hablo del departamento de justicia de la ciudad. Lamentamos comunicarle que su esposo, Héctor López, fue detenido esta mañana, mientras intentaba robar el Banco Central

—el hombre continúa sin pausa—. Usted sabe cómo operan las leyes en nuestro país, por ser reincidente, no tiene derecho a apelar ni a un juicio justo. Será condenado esta misma tarde.

La mujer deja caer el teléfono, un escalofrío la recorre entera, mientras que siente que sus pies ya no la sostienen.

«No debiste casarte con él, nunca fue un buen hombre», le había pronosticado su madre y hoy pagaba la factura por una mala elección y el desoír el consejo materno. Pero que fuera un delincuente, no disminuía el amor que sentía por él. Hubiese preferido un abogado, un ingeniero o un albañil, pero no tuvo esa fortuna. Su esposo es un ladrón y el gobierno lo acababa de apresar.

No le habría asustado que estuviese privado de la libertad, ya había pasado por esa situación antes. Lo dramático era que esta vez no habría misericordia del juez, y la sentencia era inapelable.

«Solicito todo el rigor de la ley, aplicando la pena de muerte inmediata», habría pedido el fiscal a un tribunal con sed de justicia. Es que ese no iba a ser un buen día, pensó la mujer una y otra vez. No debió haberse levantado de la cama.

Era una tarde gris, helada, con una llovizna que cortaba la cara.

«*Tal vez lo perdieron las malas compañías*», reflexionó mientras recorría la calle principal.

«Su socio en las andadas también fue sorprendido en el lugar del hecho, y morirá junto a tu esposo», le susurró una vecina a modo de desgraciado consuelo. De igual modo, ya no importa buscar culpables, lo cierto es que su esposo iba a terminar como ella lo había soñado en tantas pesadillas: en la peor de las muertes, la más vergonzosa, la más cruel, la más atroz, la muerte pública. La dama no pudo despedirse de su amado, es que los ladrones no cuentan con ese lujo, no hay piedad, humanidad ni últimos deseos para los condenados a la pena máxima.

La dama se abre paso entre la multitud que exige justicia. La gente está enardecida, exaltada. Para muchos, hoy es un día de loable justicia. Los delincuentes pagarán por sus crímenes.

El horizonte recorta tres cruces, la de su esposo, la de su compañero en las correrías y la de un desconocido. Ella conoce a su marido y al otro ladrón, pero le resta importancia al tercero.

«Otro infeliz que condenará a otra viuda y sus huérfanos al olvido y la desgracia», piensa. El cuadro es estremecedor. No la culpen por no llorar, ya gastó todas sus lágrimas en una vida miserable junto a quien le prometió amor eterno y ahora cuelga de una cruz. Gritos, súplicas, latigazos, sangre, ira. No quiere mirar a su esposo, está allí, pero prefiere no recordarlo así. Solo observa el árido suelo, mientras la sangre surca la tierra entre los dedos de sus pies.

Uno de los ladrones, el cómplice de su esposo, insulta al desconocido de la cruz del medio. Y una voz conocida, casi imperceptible, se enoja: «¿Ni aun temes a Dios, estando en su misma condenación?»

La mujer está sorprendida. Su esposo acaba de salir en defensa de otro delincuente. Eso es ridículo, si se tiene en cuenta que Héctor López pregonaba una filosofía: «Nunca te metas en la vida de los demás, que cada uno aprenda a defenderse por sí mismo».

Por eso, ella no entiende. Su esposo jamás habló por nadie ni puso su cara por desconocidos. «Este es un mundo egoísta», solía decir al brindar.

—Acuérdate de mí, cuando vengas en tu reino —dice ahora.

Era la inconfundible voz de su esposo, sin duda, implorándole al desconocido de la cruz central.

—Hoy estarás conmigo en el paraíso —promete el otro, como si en su condición pudiese cumplir algo.

En la cruz se ruega piedad, no se prometen paraísos –piensa la mujer.

Ella levanta la vista por primera vez. Quizá para mirar a los ojos de su esposo de nuevo o para entender el diálogo tan extraño que acaba de oír. El socio de su esposo sigue maldiciendo. El desconocido del centro pareciera un inocente que paga por algo que jamás cometió y debe estar loco como para prometer paraísos, y su esposo, su esposo... sonríe. No tendría por qué sonreír, no hay razones. Hizo de su vida un mundo miserable y pende de una cruz frente a miles de ciudadanos enojados. Pero Héctor López se encuentra con la mirada de su esposa y le dibuja una sonrisa. Un último gesto de que todo estará bien, a pesar de todo. El gesto de los que se encontraron con la gracia en el momento menos pensado. Ella tampoco sabe por qué, pero presiente que su esposo finalmente encontró algo distinto. No entendió bien el diálogo de los condenados, pero supo que algo había cambiado allí, a escasos metros de ella, en lo alto de la cruz.

Su esposo cuelga de un madero, pero en forma inexplicable, irracionalmente, sonríe. Ella le devuelve el gesto en el lenguaje del silencio, ese que solo pueden interpretar los que se han amado lo suficiente como para no tener que hablar. Su esposo acaba de encontrarse con la gracia en el minuto final. Segundos antes de la cita con el verdugo inevitable, la muerte. Ella sabe que no puede implorar justicia y mucho menos misericordia. Ella sabe que su esposo paga por crímenes verdaderos. Está consciente de que ese era el final del camino, el terminal de la vida, tarde o temprano. Pero ahora, la última sonrisa de su esposo le devuelve la calma. La sonrisa que se dibuja entre la sangre y los moretones, extrañamente, la compensa por toda una vida miserable.

Su esposo parece no pender de una cruz. Muere como si lo hiciese de viejo, en una cama caliente, rodeado de sus seres amados, luego de haber vivido una buena vida. El hombre no mereció nietos ni una vejez avanzada, una cristiana sepultura o una importante lápida. Pero alguien, tan condenado como él, le prometió el paraíso en lo alto de la cruz. Ese, no iba a ser un buen día. Y mucho menos existía la más remota posibilidad de que terminara bien. Héctor ha dejado de respirar, pero nadie se explica por qué aún sonríe.

La dama no entiende nada acerca de teología, paraísos y redentores. Solo sabe que algo milagroso acaba de ocurrir. Ella descubrió el secreto: *si para encontrarse con el paraíso había que venir a la cruz, valió el esfuerzo de haberse levantado.*

Ahora quiero que me respondas algunas preguntas:
¿Cuántos coros de iglesia aprendió Héctor?
¿Cuántas veces escuchó un sermón?
¿Qué credenciales tenía?
¿Cuál era su llamado?
¿Y qué me dices de su ministerio?
¿Crees que tenía alguno?

¿Respondiste lo que creo?, pues déjame agregar que además te lo encontrarás en el cielo, junto a Moisés, David y el apóstol Pablo.

Damas y caballeros, eso es «gracia». La palabra viene del griego *caris,* que significa «la divina influencia en el corazón del hombre». Es la inmerecida bondad de Dios hacia cada uno de nosotros. La gracia es lo que no nos merecemos por justicia, es un regalo. Estás en la cruz, pero te sorprenden con un pasaporte al cielo. Estás condenado a observar, pero te llaman a jugar el campeonato. Mendigos que se transforman en príncipes. Olvidados que marcan la historia. Anónimos que engalanan la galería de los héroes.

Esa oculta debilidad

Aún recuerdo la primera vez que sucedió. Fue en un congreso de líderes en la bella Sydney, Australia. La reunión era avivamiento puro o, al menos, lo parecía. Mi tarea era predicar un sermón alentador y culminar el servicio. La gente movía ampulosamente las manos y no paraban de saltar, mientras que los músicos entonaban melodías increíbles; la alabanza australiana realmente es enriquecedora.

Los ministros que estaban a cargo de la reunión preguntaban una y otra vez si estaban dispuestos a conquistar el país, mientras que la multitud no paraba de gritar eufóricamente.

¿Eres un predicador?, entonces debes saber lo que yo sentía en ese entonces. Es más fácil predicarles a un grupo de gente moribunda que tratar de sorprender con una palabra fresca a gente que pareciera tenerlo todo. Los jóvenes no paraban de bailar y saltar entre las butacas del enorme edificio. Los más viejos, sin excepción, movían unos ruidosos panderos por toda la congregación. Era lo que llamo un servicio ensordecedor. O cantas y gritas o te vas, no puedes mantenerte en la mitad.

Mi pregunta era cuál sería el mensaje que debía darles. Esa gente estaba a dos centímetros del suelo. Durante la última canción, cambié mis bosquejos y me dispuse a darles un sermón de aliento, algo acerca de conquista o victoria, o algo así.

Cuando al fin todos se sentaron, algo comenzó a ocurrir. Mientras que el público me miraba esperando que saludara, yo podía sentir al Espíritu de Dios que me susurraba:

«Háblales de mi gracia».

Tuve una lucha espiritual intensa. Obviamente, Dios debió haber estado ocupado en alguna gran cruzada con Billy Graham, llegó tarde a la reunión y es por eso que no conocía demasiado a esta gente. Yo sí estuve todo el servicio. Estos australianos viven un avivamiento. Quieren que alguien les hable acerca de lo que viene por delante, de ministerios, de dones. Ellos ya están perdonados, son algo más que ovejas, son líderes de primera línea.

«Háblales de que mi gracia es abundante para ellos», insistió.

Y fue entonces cuando ocurrió. No lo hubiese hecho, de no ser porque sabía que Dios estaba detrás del asunto.

«Quiero que los que tienen una intensa lucha con un estúpido hábito oculto, lo confiesen esta noche», dije, «me refiero a ese "gigante" que te abofetea en la intimidad. Nadie lo sospecha, ni siquiera lo sabe tu esposa, tus padres, ni tu mejor amigo, pero estás consciente de que ese "hábito" escondido está arruinando tu unción».

El silencio en el edificio era demoledor.

«Sabes que deberías tener un ministerio ungido, pero te conformas con mucho menos, por culpa de esa debilidad que no te da tregua. No importa cuán santo parezcas si sabes que ese hábito hace que tu unción no sea pura».

Dios sabe que no fueron muchas más palabras, cuando alguien irrumpió en un seco sollozo entre la multitud.

«Quiero que todos cierren los ojos», supliqué, «y necesito que aun los que estén grabando apaguen sus cámaras, no quiero que sientan vergüenza. Quiero pedirte que si reconoces que un estúpido hábito te está amarrando al pasado e hipotecando tu futuro, levantes tu mano».

Algunas manos, tal vez diez o doce, se levantaron con timidez.

«Sé más específico», me dijo el Espíritu con una voz clara.

«Los que no pueden abandonar la masturbación compulsiva. Los que están atados a la pornografía por internet, revistas o cualquiera de sus formas. Los que amanecen en la cama ajena virtualmente, engañando a sus esposas en su mente. Los que anhelan que su mujer se muera, en algún accidente repentino, para enviudar y casarse con otra dama que ya tienen en mente. Los que se sienten invadidos sin piedad por pensamientos impuros, llenos de lujuria. Los que se han permitido caricias íntimas y genitales con sus novias. Los que luchan con pensamientos de homosexualidad».

Ahora todo el recinto estaba lleno de manos. Los líderes, los colaboradores y los que hasta hace un momento estaban dispuestos a conquistar la nación. Allí estaban, llorando amargamente, hartos de pedir perdón por el mismo pecado crónico.

La primera vez que pecas, te tiras ante la presencia de Dios y suplicas piedad, ruegas que la sangre de Cristo te haga limpio, puro otra vez. La segunda, consideras que es necesario prometer algo, decir alguna frase como: «Prometo que jamás lo volveré a hacer», «Nunca jamás consumiré pornografía o acariciaré esos asquerosos pensamientos». La tercera vez, te autoimpones un castigo, algo que te duela, para demostrarle a Dios que ahora va en serio: «Voy a quitar el servicio de cable del televisor» o «Volveré al correo tradicional, ni siquiera usaré el correo electrónico, para no tentarme a navegar en sitios sucios» o «Dejaré a mi novio aunque sienta que lo ame».

La cuarta vez, ya no quieres ir. Ahora sí, sientes que tu vida es un fraude. Y te sientas a los pies de la cama, a dialogar con Satanás.

«Ahora si la hiciste fea. Hasta Dios tiene sus límites. Una cosa es equivocarse una vez, dos y tal vez hasta tres. Pero ya has perdido la cuenta». Y dices: «Creo que Dios está harto de verme fracasar».

«No lo dudes», responde quien desea verte arruinado. «Tienes un problema, una debilidad, un horrible y repugnante pecado que te deja fuera de la liga. La masturbación es tu kriptonita, te está destruyendo. En tu lugar, me distanciaría de las cosas santas, que obviamente no son para tipos como tú».

Y es entonces cuando se produce el contrasentido, lo ilógico. Pospones orar hasta arreglar tu debilidad primero. Dejas de lado la consagración porque te sientes indigno, sucio. No te involucras porque consideras que has traspasado todos los límites del perdón. Y te convences de que no naciste para ser campeón. El hábito logró dejarte en la lona. A mitad de camino, postrado en la pista.

Hice una última pregunta aquella vez en Sydney: «¿Cuántos sienten como si Dios ya no quisiera perdonarlos?»

Creo que todos, absolutamente, levantaron sus manos temblorosas. Los mismos que parecían vivir una panacea de avivamiento, ahora confesaban sentirse indignos del Señor.

No quiero que me malinterpretes, no trato de hacer apología del pecado. Me considero uno de los mayores defensores de la santidad. Durante años solo me dediqué a predicar acerca de la integridad. Nuestras cruzadas han tenido como lema proclamar una generación santa. Pero la santidad sin gracia solo es legalismo.

Esos miles de líderes se equivocaron tanto, convivieron con la debilidad a tal punto, que llegaron a creer que Dios ya no estaba dispuesto ni siquiera a oírlos. Es que el hábito oculto tiene la singularidad de colocarte a la puerta del templo, como el cojo que pedía limosna en el templo de la Hermosa.

Tienes un área coja que te impide caminar. Tu vida de oración se reduce a la raquítica tarea de hilvanar dos o tres frases sin sentido antes de quedarte dormido. Tu comunión con el Señor es nula. Estás a la puerta, sabes todo lo que pasa dentro de la iglesia, pero también sabes todo lo que ocurre afuera. Vives en la mitad, como un cristiano nominal. Sabes demasiado como para considerarte un inconverso... pero no lo suficiente como para ser un santo. Vives en santidad un poco... pero también pecas un poquito. Alabas al Señor y también maldices otro poco. Levantas tu vista al cielo a veces, pero tus ojos son vagabundos en algunas ocasiones.

Cojo del alma. Minusválido espiritual. Lisiado ministerial. Paralítico del corazón a causa de un estúpido hábito oculto. Y la horrible sensación de que Dios ya no te quiere recibir.

«Lo siento», pareciera excusarse un ángel, «le dije a Dios que vino a verlo, pero me dice que no puede recibirlo, usted es demasiado inmundo para presentarse aquí».

George Best fue declarado el mejor futbolista europeo del año 1968. Los críticos del deporte decían que lo tenía todo: estilo, inteligencia, dominio del balón, condición física, profesionalismo. Se decía que podía ser el mejor futbolista de todos los tiempos. Sin embargo, un hábito oculto lo destrozó. Nunca llegó a ser lo que pudo. George era un alcohólico empedernido y en los bares de Londres tenían la orden de no servirle bebidas alcohólicas porque podían causarle la muerte.

Lo oculto arruinando lo público.

Si te sientes plenamente identificado y consideras que ya es demasiado tarde, entonces recuerda a nuestro Héctor López colgando de la cruz. No merece el perdón, pero tiene la fortuna de encontrarse con el dador de la gracia.

¿Aún no estás convencido? Entonces acompáñame a conocer a un rey. Seguramente escuchaste hablar de él.

Es valeroso en batalla, un excelente administrador. Un líder dinámico e innovador. Es músico y goza de popularidad. Las encuestas lo colocan en el primer lugar en el corazón del pueblo. Es un estratega y ama profundamente a Dios.

Se llama David. Y Dios dice que es un hombre conforme a su corazón.

Pero David codicia a una mujer que no es la suya. Es la esposa de otro hombre. La mira y sus hormonas parecen estallar. Tiene que llevarla a la cama como sea. La desea, da una orden, una cena a la luz de las velas, alista su dormitorio, y tiene una noche de lujuria. Sexo pasional.

En unos días, la dama notará un retraso en su período femenino y llamará al rey. Le dirá que espera un hijo.

«No cabe duda, el bebé es tuyo», dirá la bella mujer.

Entonces, el rey ya no actuará como un monarca. Se comportará como una bestia, con culpa, temor y frialdad. Querrá evitar el escándalo. Armará un plan maquiavélico, calculador. Enviará todo un ejército, de ser necesario, para traer al esposo de esta mujer de en medio de la batalla. Y le dirá que lo quiere «beneficiar» con un regalo. Una noche de amor con su esposa. Si el soldado acepta la propuesta, la dama jamás podrá reclamar que el bebé le pertenece al rey.

Pero el soldado tiene dignidad, considera que sería un abuso tener relaciones con su mujer, mientras sus compañeros de batalla están en medio de una guerra. La del propio David. Aun así, el rey lo invita a beber.

El soldado acepta a desgano y, de nuevo, la propuesta del rey. Una y otra vez. Y todas son rechazadas por el muchacho.

El soldado raso, borracho y tambaleante, tiene más dignidad que el rey sobrio.

Es entonces cuando el administrador, el salmista, el ungido, el corazón valiente... lo manda a matar. Que nadie jamás se entere en dónde pasó la noche el soldado. Un plan casi perfecto, un crimen pensado. Una muerte honorable en medio de la batalla. Y un hombre descendiendo a lo más oscuro de su alma por un pecado oculto. Primero fue el deseo, luego una pasión de no más de quince minutos, el adulterio, la mentira, transformándolo en el autor intelectual de un crimen.

El profeta Natán pide una entrevista con el rey y lo desenmascara. El monarca llora e implora que la unción no lo abandone. Que la presencia del Altísimo no se vaya. Que sería capaz de olvidar el cetro y la corona con tal de recuperar la intimidad con Dios. Y otra vez, entra en escena el dador de la gracia.

David debe pagar las consecuencias del pecado, pero su arrepentimiento genuino lo lleva hasta las puertas del verdadero perdón. Un perdón sublime, único, de aquellos que jamás recuerdan el pasado. De los que borran tu historial.

Como lo dijo una vez un conocido orador: «Cuando Dios perdona, no solo se olvida, sino que olvida que se olvidó».

Años después, el dador de la gracia, le hablará al hijo de David, a Salomón, y le recomendará que sea perfecto, íntegro, como su padre. David aún es un hombre conforme al corazón del Señor. Su pecado ya no está más en los registros de los cielos. Tampoco aparece en el disco duro de alguna computadora. Ni siquiera figura en «elementos eliminados». Dios se olvidó. Y olvidó que se olvidó. El expediente fue borrado.

Aún recuerdo algunas expresiones en los rostros de aquellos líderes en Sydney. Fue la primera vez que prediqué acerca de la gracia y desde aquel entonces, no he dejado de mencionarla. Cuando creían que ya estaban fuera de las grandes ligas, alguien volvía a creer en ellos. Manos temblorosas de grandes campeones, que se negaban a subir al cuadrilátero por considerarse lisiados. El milagro de la gracia tapando los huecos oscuros del alma. Los rincones tenebrosos de la intimidad sacudidos por la luz de la nueva oportunidad.

Dios, otra vez, dispuesto a perdonarlos, diciéndoles *que su gracia era abundante para ellos.*

El sexo libre, la pornografía, la lujuria, la masturbación.

La mentira, el engaño, el adulterio.

La cama ajena, los pensamientos impuros, los ojos desenfrenados.

No importa el nombre del delito, el secreto es que si para encontrarse con el paraíso, había que venir a la cruz, valió la pena levantarse esta mañana.

Escuadrón de únicos

Nadie puede lograr que el francotirador apostado en la cima del imponente rascacielos desista de su objetivo. La policía observa impotente como el mal viviente exige sus condiciones mientras los apunta desde lo alto de una de las torres más elevadas de la gran ciudad. Jueces, periodistas, fotógrafos, policías y cientos de curiosos se confunden en derredor del macabro espectáculo. Finalmente, el viejo comisionado limpia el sudor de sus lentes y dice una frase. Acaso sea la que todos estaban esperando: «No hay nada más que podamos hacer... llamen a SWAT».

Un suspiro de alivio se percibe en torno al respetado jefe de policía.

Indudablemente este es un trabajo para hombres entrenados en misiones riesgosas. En cuestión de minutos, el escuadrón SWAT toma el control. Los hombres de azul descienden de sus móviles con la precisión de águilas. Casi no hablan entre sí. No hay gritos nerviosos, solo órdenes precisas, como si cada uno de ellos ya supiera lo que le corresponde hacer. Se comunican en clave, manejan un código secreto. Rodean el edificio, dos suben por las escaleras hacia la tan temida terraza, otros aguardan en silencio desde la torre contigua. No sudan, sus movimientos parecen calculados. Estos hombres conocen el peligro, se tutean con él a diario y, por sobre todas las cosas, saben que deben comenzar justamente cuando los demás abandonan.

Si ellos no lo logran, no existe una segunda opción. Son la única y última alternativa. Es SWAT. El escuadrón de emergencia para situaciones límites. El grupo de resistencia armada contra las fuerzas invasoras. La última arma secreta de los escuadrones policíacos. Son los hombres de azul. Vencer o morir, esas son sus consignas. Son letales y precisos. Se trata del escuadrón entrenado para misiones únicas.

Otra historia

El hombre se desliza por la muralla como una gacela. Los soviéticos están controlándolo todo desde sus sofisticados monitores. Pero él burla la guardia rusa. El peligro acecha a cada paso, sin embargo, nuestro intruso sonríe. Su trabajo es mortalmente serio, pero sonríe como un duende que se oculta tras la espesura del bosque. Está consciente de que puede pilotear aviones, saltar desde quinientos metros, camuflarse entre el enemigo y, por supuesto, llevarse toda la información ultrasecreta de los soviéticos, en un diminuto microchip.

Es el único que puede lograr esta misión. Fue entrenado cuidadosamente para la presión del peligro. Tiene licencia para matar, de ser necesario. Sus enemigos le temen, sus colegas lo respetan y su jefe confía ciegamente en él. Es Bond,

James Bond. Otro hombre entrenado para misiones únicas. Alguien que comienza en el mismo sitio donde otros ni siquiera se animarían a entrar.

Las dos historias se parecen y tienen un denominador común: la misión. Es vencer o morir en el intento. De eso se trata la nueva generación que Dios está levantando. Una última generación de temerarios entrenados para la última y única misión: Llevar al mundo entero a los pies de Jesucristo. Jamás retroceden, siempre están a la vanguardia. Ellos no van detrás de un puesto o un lugar de reconocimiento humano. Saben que lo primordial es las almas perdidas. Mientras otros se excusan o tratan de argumentar, ellos actúan. Cuando los demás le piden permiso al enemigo y tratan de llegar a una negociación, ellos simplemente lo invaden.

Este ejército no está formado por pasivos, son invasores por naturaleza. Invaden los colegios, predican en las facultades, y conmueven la universidad. Trastornan la nación, revolucionan su ciudad, hasta llenarlo todo de Jesucristo. El infierno ha puesto precio a sus cabezas, pero ellos simplemente sonríen porque saben para quien trabajan. No son predecibles ni rutinarios, solo sorprenden. Son el último escuadrón al cual recurrir en situaciones riesgosas. O mejor dicho, son los obreros de la undécima hora.

Gente con misiones únicas. Si tienes mentalidad de montón, ni siquiera deberías continuar leyendo este libro. Pero te imagino con deseos de algo más que competir. Con sed de victoria. Con esa cualidad que cuentan los que comienzan luego que los demás abandonan. Prefieres morir en el intento, antes de quedarte solo con la visión de lo que pudo haber sido. Estás decidido a cambiar tu estrella, a jugar el campeonato, a ganar el primer lugar.

Conozco a cientos de personas que abandonaron su sueño por creer que todos los recursos ya estaban agotados. En lugar de sentirse parte del escuadrón SWAT, creyeron pertenecer al montón de policías a cargo del comisionado obeso.

«Perdí el empleo».

«Al fin y al cabo, ese ministerio no era para mí».

«Bueno, de todos modos no quería ese puesto».

«Casi me dan un aumento de salario».

«Asistí a la boda de la mujer de mis sueños, finalmente se casó con otro».

«Me dijeron que dejara mis datos y que me llamarían».

«Hice todo lo posible, no creo que haya algo más por hacer».

«Me conformo con que me hagan un lugarcito».

Son las declaraciones de los que se sienten condenados al montón, de los que se conforman con un octavo puesto. Carencia de determinación. Mentalidad de multitud.

Un nuevo intento

Observa al Señor acercarse a la barca de los discípulos. Están resignados, trataron de pescar toda la noche. Y ahora lavan las redes en silencio. Solo molestas algas y basura de mar son el saldo de una noche de fracaso.

«Vamos a pescar», propone el Maestro.

Ahora detente por un momento en la expresión de los apóstoles. Observa a Pedro. Está literalmente desencajado, molesto.

«Tú dedícate a levantar muertos, y nosotros a pescar», piensa el hombre de Capernaúm.

Pero no mires a Pedro como a un mal educado. La propuesta es descabellada. Ya lo intentaron toda la noche. No unas horas, sino toooooooda la noche.

Una cosa es hacerle una propuesta así a quien aun no lo

intentó, pero no a quienes ya hicieron todo lo que se suponía que se podía hacer.

¿Pasaste por eso alguna vez?, claro que sí.

Recuerdas la mañana en la que desconectaste la línea telefónica para que no te llamaran los acreedores. Esperabas el milagro temprano, después de una larga vigilia, pero como nada sucedió, decidiste que lo mejor era quedar incomunicado.

Vuelve a la febril y extensa noche en que te la pasaste colocando un pañuelo helado sobre la frente de tu niño. Toda la noche. Hora tras hora, hasta el amanecer. ¿Puedes recordar cómo te sentías cuando los primeros rayos de sol invadían tu ventana sin darte tregua a un merecido descanso?

¿O aquella vez que regresaste con las manos vacías luego de haber buscado empleo todo el día?, estabas descorazonado, profundamente angustiado. La noche anterior tenías esperanzas, pero después de haberlo intentado todo, solo quedó la desazón. El gusto amargo, la red vacía de peces y repleta de basura de mar.

Diste lo mejor en el examen, pero te reprobaron.

Trabajaste duro, pero al cliente no le gustó y prefirió la competencia.

Preparaste tu mejor sermón y la gente no lo valoró.

Oraste toda la noche y, a la mañana siguiente, el enfermo empeoró.

Enviaste un *currículum* excelente, y lo colocaron debajo de un montón de papeles.

Y ahora aparece el Señor en la amarga playa de tu vida y te propone volver a intentarlo.

«Echa la red», dice.

«Parece que no estás enterado de la noche que acabo de pasar. Estoy agotado, me siento muy cansado. Necesito dormir un poco, una siesta reparadora tal vez, pero no pescar».

A ver si nos entendemos, no está hablando con un vago,

se está dirigiendo a alguien que lo intentó todo. Y cuando digo todo, es todo.

Pero el Señor insiste. Él quiere que comiences cuando los demás abandonan. Quiere quitarte la mentalidad de montón. Desea que burles a la guardia soviética; que neutralices al francotirador del rascacielos. Quiere que seas único.

Que mañana salgas a buscar ese empleo, otra vez.

Que te prepares para el examen como si nunca antes lo hubieses rendido.

Que pases otra noche de fiebre, sabiendo que podría ser la última.

Que enfrentes, de nuevo, a tus acreedores y les pidas otro plazo.

Que tires la red, por enésima vez.

Recuerda, otro round puede marcar la diferencia.

Pedro medita un momento y se da cuenta de la ventaja. Esta vez, el Maestro estará en la barca. Es como jugar un mundial de fútbol con el árbitro a tu favor. Y entonces, pronuncia la frase. Son las palabras de los que hacen la segunda milla. Es la declaración de los condenados al éxito: «Mas en tu palabra, echaré la red».

Los peces perciben quién está en la barca y deciden que es mejor morir en la red del Creador antes que vivir sin tener el honor de conocerlo. Y ahora, la red explota de peces.

Alguien lo intentó cuando los recursos estaban agotados.

Alguien más comenzó mientras otros lavaban redes.

Cuando logras convencerte de que eres una persona para misiones únicas, entonces descubres el potencial de lo que Dios puede hacer a través de ti.

Aún recuerdo lo que sentí en febrero del 2000, cuando el Señor me mostró que debía recorrer palmo a palmo nuestro país. Era una idea descabellada, fuera de presupuesto.

Sabía de la experiencia de otros que no pudieron culminar

la misión. Argentina es un país extremadamente grande para recorrerlo por tierra. La idea no resistía el más mínimo análisis de sentido común. De hecho, ya lo habíamos intentado en otras ocasiones.

«Echa la red», dijo.

Inmediatamente después, el Señor me daba el mensaje, «Diagnóstico espiritual», y el equipo que me acompañaría. Y las finanzas, claro, que llegarían en cuenta gotas, mes a mes.

A partir de abril de ese año, recorrimos veintidós estados en ocho meses. Llevamos el equipo técnico, el sonido, alquilamos los estadios y pagamos todos nuestros gastos.

La idea era ambiciosa y demandaba una enorme dosis de fe, pero valía el esfuerzo.

Pasamos por el frío, la nieve, el calor, la lluvia y el cansancio demoledor. Hasta en una ocasión, recorrimos cuatro estados en cuatro días, el periplo La Rioja, Catamarca, Tucumán y Santiago del Estero. Cada ciudad con su particular cultura. El norte es la antítesis del sur. La gente reaccionaba diferente ante el mismo estímulo. Argentina es un crisol de razas y costumbres.

Cada estadio era un mundo aparte. Los técnicos tuvieron que sonorizar modernos auditorios e inmensos galpones que eran una suerte de anfiteatro. Recorrimos el primer tramo, unas diez provincias, con un ómnibus que gentilmente nos prestaron y un inmenso camión con los equipos de sonido. Más adelante, alguien nos donó un moderno minibus y se agregaron varios vehículos. Algunos, los menos, viajaban en avión, pero la mayoría de las cuarenta personas del equipo, recorrieron veintiocho mil kilómetros por las rutas nacionales. Los muchachos se turnaban para conducir hasta que el cansancio era insoportable.

Pero no bien el himno nacional arrancaba en el estadio, que era el puntapié inicial de las cruzadas, el agotamiento desaparecía. Ver a miles de jóvenes esperar una segunda reunión bajo la nieve, observarlos oír el espectáculo desde afuera por falta de capacidad en el estadio, escucharlos cantar desde el mediodía y, por sobre todas las cosas, ese común denominador que aún resuena en mi mente: la sed por oír un mensaje distinto. Cuando comenzábamos, era la misma Argentina, el norte y el sur.

Luego, llegó el cierre en el imponente estadio Boca Juniors, donde asistieron setenta mil jóvenes. Y vinieron de todos esos recónditos lugares de nuestro golpeado país.

Allí hubo gente muy diferente entre sí. Gente de provincia y porteños. Religiosos y ateos. Pero, estoy seguro, que en un momento, solo en un glorioso e inolvidable momento, fuimos iguales. Claro que valió la pena el cansancio y el esfuerzo financiero. En total, doscientos seis mil doscientos jóvenes asistieron al tour nacional.

La red explotando de peces.

Comenzando donde los demás abandonan.

Mentalidad de único.

Misiones que otros abandonan.

Puedes excusarte detrás del escaso presupuesto. Alegar que no estás preparado. O decir que en realidad aguardas la orden de Dios, su perfecta voluntad, que en ocasiones, no es otra cosa que pereza disfrazada de reverencia para que suene bien. Nadie te obliga a salir del montón, puedes quedarte con la multitud. Dile que ya lo intentaste todo. Que él se dedique a sanar leprosos y tú a rendir exámenes o buscar ministerios. Colócate a las órdenes del obeso comisionado y observa como SWAT resuelve lo que no te animaste a hacer.

Dedícate el resto de tu vida a lavar redes.

No hay muchas opciones, la otra alternativa, es ser parte del escuadrón de únicos.

Sus métodos son diferentes, pero resultan. No tienen mentalidad de montón, son únicos en su estirpe, con licencia para atar demonios.

Es la fuerza especial de emergencia en combate contra los ejércitos invasores.

Combatientes espirituales en estado de alerta.

La fuerza de choque del nuevo siglo.

Un escuadrón para las líneas de vanguardia.

Una división armada y peligrosa que pone las reglas.

Violentos espirituales que solo pelean en las ligas mayores.

La peor pesadilla del infierno que jamás se haya levantado.

Un ejército de intocables al servicio del General de generales.

Agentes del ultraespionaje espiritual en el campo enemigo.

Una brigada de jóvenes entrenados para ganar.

Una fuerza que desconoce el significado de la palabra derrota.

Los únicos capaces de descender al mismo infierno y desafiar al enemigo.

Combatientes que no esperan que las cosas ocurran, sino que hacen que ocurran.

Un ejército que entra en escena inesperadamente.

Soldados sin margen de error.

Agentes con una consigna: evangelizar o morir. Retroceder: nunca, rendirse: jamás.

Combatientes en alerta rojo que viven en el ojo del huracán.

Un escuadrón con un lema: por cada alma que el diablo destruye, reclamaremos cien para Jesucristo.

No hay una tercera opción: o eres único o parte del montón.

Determinado, decidido, entusiasmado

Se conocen desde la escuela primaria. Son cinco amigos, de esos de toda la vida.

Todos los viernes se reúnen a saborear una pizza, aunque sea solo la excusa para verse de nuevo. Tres de ellos están casados, han formado una familia. Antonio es abogado y tiene dos bellísimas niñas. Jorge, es un flamante marido, su esposa espera un bebé. Ricardo, es padre de cuatro hijos. Diego es uno de los solteros del grupo, quienes lo conocen, dicen que ya le queda poco para ingresar al equipo de los casados, está enamorado hasta la médula de una pelirroja que conoció en la oficina.

Y el quinto amigo, se llama Javier. Él es... bueno, no es..., mejor dicho, no tiene un oficio fijo ni está casado, no puede, es lisiado. Un accidente a los cinco años de edad le trastrocó el destino. Un conductor ebrio le quebró la columna y el futuro.

Hoy es un viernes distinto. Ni siquiera han probado la pizza; los amigos han tomado una decisión.

—Dicen que es muy bueno, y estará en la ciudad —dice Diego.

—No tiene sentido, si vamos hasta allí y no resulta, me sentiré peor.

La respuesta de Javier suena lógica. Los demás podrán continuar con sus vidas pero, al fin y al cabo, él es el lisiado, el paralítico. Si ese sanador forastero es un fiasco, en lugar de sentirse mejor, solo empeoraría las cosas.

—No perdemos nada con hacer un intento —insiste Jorge—, me dijeron que ha logrado resucitar muertos, y ha sanado a varios leprosos.

—Yo tengo la dirección del lugar donde estará hoy por la noche —indica Diego.

Javier no está muy seguro, pero no hay mucho que perder. Sus amigos están decididos.

El viernes por la noche crea el marco ideal para que una multitud abarrote la casa donde disertará el Maestro. La gente está apiñada en la cocina, sobre la alacena y encima de la nevera. El borde de la chimenea sirve para que se amontonen una docena de personas, unas sobre otras. Ya no hay sillas disponibles, los que pueden, se sientan en el piso de madera. Los demás están abarrotados en los marcos de las ventanas o encima de los muebles. Alguien propone colocar algunas sillas afuera, no podrán verlo, pero al menos tendrán el honor de oírlo.

Los cinco amigos llegan tarde.

—Sabía que esto iba a suceder —dice Javier— no cabe un alfiler. Regrésenme a casa o volvamos otro día.

—No creo que el Maestro esté mañana aquí, tenemos que intentarlo.

Los cuatro amigos cargan al lisiado con algo más que una esperanza, tienen determinación.

—Lo siento —dice un grandulón con aliento a pescador, que dice llamarse Pedro—, no hay más lugar aquí. Deberían regresar otro día; además, el Maestro ya comenzó su exposición y no podemos distraerlo en medio de su mensaje tratando de acomodar a un paralítico.

La excusa presentada por el barbudo anfitrión es suficiente para desalentar a cualquier mortal medianamente inteligente. Pero no basta para detener a los cuatro amigos, que cargan a un quinto, con la decisión de llegar al Sanador. Y ahora, no solo están decididos, sino también enojados.

—¡Usted es el que no entiende! —levanta la voz Antonio, mientras señala con su dedo índice, directo a la nariz del rudo pescador—, no hemos llegado hasta aquí para preguntar cuándo será el próximo servicio. Nuestro amigo es minusválido y tiene que ver a su Maestro. Hoy. No mañana, ¡ahora!

Algunas personas que pujan por ingresar comienzan a molestarse. Otros hacen callar a los intrusos, ya que ahogan la voz del predicador que proviene del interior de la casa.

Pedro se encoge de hombros y vuelve a ingresar entre apretujones.

—No hay nada que podamos hacer —suspira Javier—, no podremos entrar, esto está atiborrado.

—Entraremos —dice Diego mirando hacia la terraza.

Diego y Antonio suben a la inmensa higuera que se recuesta sobre el tejado y ganan el techo. Jorge improvisa una cuerda con las frazadas que cubrían las piernas de Javier. Ricardo comienza a atar los brazos y la cintura del amigo lisiado. Determinados. Decididos. Entusiasmados.

Nadie presta demasiada atención a los intrusos. Todos quieren oír de cerca al Maestro, tocarle, sacarle una fotografía.

Los amigos consideran la chimenea, pero es demasiado

angosta. Así que comienzan a levantar tejas. Antonio recuerda que siempre porta una caja de herramientas en el carro y regresa al estacionamiento por un serrucho. Tienen que lograr una cita con el Maestro, aunque en el proceso, haya que romper un techo.

El riesgo es alto. Podrían romper una viga importante y todo el techo se podría desplomar. O Javier podría accidentarse. Pero ellos quieren llegar.

Pedro le hace señas a Tadeo de que hay intrusos tratando de romper el techo. Que están interrumpiendo el sermón del Maestro, que están distrayendo a la gente, arruinando un servicio de viernes.

Ahora los amigos saben que están en el punto sin retorno. O abren ese techo rápido o alguien los bajará a patadas. Los discípulos buscan una escalera para alcanzar el techo y enseñarles modales a estos impertinentes visitantes. Bartolomé consigue una linterna, mientras que Pedro está demasiado impaciente como para esperar la escalera y comienza a trepar por la higuera.

—Esto es una locura, ¡apareceremos en las portadas de todos los periódicos! —exclama Javier asustado.

Pero sus amigos no lo dejan pensar mucho. El boquete ya es lo suficientemente grande como para pasar a quien necesita una cita urgente con el orador. Toman las cuerdas y bajan al amigo. Determinados. Decididos. Llega Pedro y los ilumina con la linterna, está enojado, pero ya es demasiado tarde. El sermón acaba de interrumpirse. La gente observa sorprendida, algunos enojados, al primer ascensor de la historia.

El lisiado queda frente a frente con el Maestro. Los cuatro amigos observan desde el techo. Lo lograron. Javier se encuentra con Jesús.

El tecladista trata de subsanar el incidente tocando alguna melodía, pero el Maestro dice que no hace falta. Que está sorprendido de la fe de estos hombres. Hace una pausa a su mensaje solo para perdonarle los pecados y ordenarle que camine.

Ahora la gente que no lo dejaba pasar lo aplaude de pie. Javier aún tambalea, pero ensaya sus primeros pasos. Alguien propone cantar una alabanza de victoria, y la música comienza a sonar en este servicio de milagros del día viernes.

Dicen que nadie quiso arreglar aquel techo, que quedó como un monumento a la determinación de cinco amigos. Dicen que ese boquete les recuerda a los que se dan por vencidos que nunca se llega demasiado tarde si aún el Señor está en la casa.

Javier recuperó sus piernas por su fe. Y por la determinación de sus cuatro amigos de toda la vida.

La decisión hizo que la mujer que sufría de flujo de sangre se abriera paso entre la multitud, solo para tocar el manto del Creador. El entusiasmo fue lo que determinó que Bartimeo continuara gritando entre la turba. La determinación es la condición de los campeones, de los que anhelan llegar, aunque haya que romper un techo o encontremos una circunstancia amarga en el camino.

Era mitad del siglo XIX y se escuchaba en las oficinas de la escuela primaria de un pequeño pueblo de Ohio, en los Estados Unidos, la siguiente conversación: «El niño tiene un leve retraso mental que le impide adquirir los conocimientos a la par de sus compañeros de clase, debe dejar de traer a su hijo a esta escuela».

A la mujer no pareció afectarle mucho la sentencia de la maestra, pero se encargó de transmitirle a su hijo que él no poseía ningún retraso y que Dios, en quien confiaba fielmente desde su juventud, no le había dado vida para avergonzarlo, sino para ser un hombre de éxito. Que a pesar de la sentencia, él podía cambiar su estrella.

Pocos años después, este niño, con solo doce años, fundó un diario y se encargaba de venderlo en la estación del ferrocarril de Nueva York.

No fue todo, se dedicó a estudiar los fenómenos eléctricos y gracias a sus estudios logró perfeccionar el teléfono, el micrófono, el megáfono y otros inventos como el fonógrafo, por citar solo alguno.

Todo parecía conducirse sobre ruedas hasta que un día se encontró con un gran obstáculo, su mayor proyecto se desvanecía ante sus ojos, había buscado incansablemente la forma de construir un filamento capaz de generar una luz incandescente, pero que al mismo tiempo resistiera la fuerza de la energía que lo encendía.

Sus financistas estaban impacientes, sus competidores parecían acercarse a la solución antes que él, y hasta sus colaboradores se encontraban desesperanzados.

Luego de tres años de intenso trabajo, uno de ellos consideró que no valía el esfuerzo de romper un techo. Que el paralítico podía esperar a otro servicio.

«Thomas, abandona este proyecto, ya llevamos más de tres años, lo hemos intentado en más de dos mil formas distintas y solo conocemos el fracaso en cada intento».

Tenía razón y ya había dos mil excusas para no seguir intentándolo. Pero este hombre tuvo determinación. Miró a su colaborador y le dijo: «Mira, no sé que entiendes tú por fracaso, pero de algo sí estoy seguro, y es que en todo este tiempo aprendí que antes de pensar en dos mil fracasos, he descubierto más de dos mil maneras de no hacer este filamento y eso me da la pauta de que estoy encaminado».

Pocos meses después iluminó toda una calle utilizando la luz eléctrica.

Su nombre fue Thomas Edison, y poseía la cualidad de los ganadores. La estirpe de los que triunfan. La llama sagrada de los que tienen la fiebre de oro del primer lugar. Determinación.

Juan Manuel Fangio fue el corredor que más veces ganó el campeonato mundial de automovilismo en la categoría de Fórmula Uno en toda la historia. Una vez le preguntaron cuál era su secreto. «Para ganar, hay que llegar a la meta», respondió.

La respuesta parecía infantil, pero encerraba la determinación de llegar a pesar de las circunstancias, por sobre las excusas, por encima de la mediocridad.

Puedes estar determinado a cambiar tu estrella, y es posible que te inviten a competir en las grandes ligas. Tal vez tomes una gran decisión, levantando tu puño al cielo y peleando palmo a palmo con tu debilidad. Pero no lo lograrás si no tienes determinación.

Una fascinante historia de amor

Aún recuerdo la primera vez que supe lo que significaba estar decidido. Determinado a morir, de ser necesario. A propósito, ¿has estado enamorado alguna vez?, entonces debes leer esta historia.

Era una monumental campaña evangelística del conocido ministro Carlos Annacondia, en San Martín, algún lugar de la Provincia de Buenos Aires. Quien escribe tenía dieciséis años de edad y, hasta la fecha, no conocía lo que era enamorarse a primera vista.

Unas veinticinco mil personas colmaban el inmenso predio. Hacía un frío espantoso, pero al predicador y a las miles de personas que llenaban el lugar, parecían no importarle.

Fue entonces cuando la vi.

Tendría dieciséis o diecisiete, tal vez. Monumentalmente bella. Su tez era blanca, muy blanca y unas poquísimas pecas, a modo de detalle decorativo, parecían iluminar más su rostro. Cuando sonreía, dos hoyuelos adornaban sus mejillas. Su cabello era negro intenso, y poblaba sus hombros con cierta delicadeza. Extremadamente delgada pero no menos escultural. Medidas perfectas. Una falda azul marino, una blusa con tenues estampados, y una campera gris, con lunares negros, perfectamente diseminados por su cuerpo.

Tenía un pequeño cartel que la identificaba como colaboradora de la campaña. En ese momento pensé que Carlos Annacondia era un genuino ungido del Altísimo, por tener a este tipo de colaboradoras en su equipo.

La belleza de esta damita era avasallante. Creo que unas palomas muy blancas volaban a su alrededor y unas cristalinas campanas sonaban armoniosamente, mientras la señorita de mis sueños caminaba por el inmenso predio.

Mi corazón parecía a punto de salirse de su cauce. Tenía que conocer a este ángel. Consideré seriamente simular que estaba endemoniado para que pudiera notarme, pero el riesgo era demasiado alto. No podía exponerme al ridículo y no estar seguro de que aun así, ella no se diera cuenta.

Regresé a casa y tomé la decisión de congregarme en ese descampado lugar hasta que la campaña finalizara. Mi madre pensó que un gran toque de Dios había operado en mi corazón.

Fueron treinta y ocho días de cruzada y de amarla en silencio. Cada noche que finalizaba el servicio, regresaba a casa, sabiendo que al otro día la volvería a ver. Nunca me sonaron tan dulces los mensajes del evangelista. Los coros de alabanzas eran cantos de sirena. Cada noche era mágica, siempre y cuando pudiera observarla desde el anonimato.

El día treinta y nueve era un lluvioso sábado. La cruzada comenzó como siempre, cuando alguien interrumpió mis profundos pensamientos. Era una amiga de mi hermano, se llamaba Celina. Me saludó respetuosamente y trató de hilvanar alguna conversación. A decir verdad, no me interesaba hablar con nadie, no quería perder de vista a la mujer que había logrado cautivarme.

De pronto, Celina observó hacia la misma dirección que yo. Y sucedió lo imprevisible, lo estadísticamente imposible.

—¡Liliana! —exclamó mi casual vecina— ¡Liliana!

La mujer de mis sueños era la Liliana en cuestión. Lentamente giró su cabeza y miró hacia nuestra dirección.

—¿La conoces? —pregunté ensimismado.

—Oh, claro. Es compañera de colegio, estudiamos juntas— respondió con naturalidad Celina.

Ese día aprendí dos verdades breves:

Uno: Jamás subestimes a alguien.

Dos: Celina era el arcángel Gabriel encarnado en una mujer para bogar por mi caso.

Ahora mi amada a la distancia se cristalizaba en realidad. Tenía un nombre: Liliana y venía sonriente, en dirección a mi persona y a esta amiga del alma, ungida del Altísimo, llamada Celina. Puedo cerrar los ojos y recordar cada segundo de esa caminata. A medida que se acercaba se hacía más bella. Todo alrededor parecía en cámara lenta, nada era tan importante. Las palomas seguían volando en su circunferencia y las campanas parecían tocar alocadamente.

Las amigas se saludaron con emoción a escasos centímetros del lugar donde estaba parado. Recuerdo que oré de manera frenética. Esa era la oportunidad que estuve esperando durante casi cuarenta días. Era Dios que había acomodado el cosmos y alineado los planetas para que el destino permitiera este encuentro casual.

—Liliana, quiero presentarte a un amigo —dijo Celina, totalmente «inspirada» por el Señor—, *Dante Gebel*.

Fue en ese momento cuando se produjo el encuentro. La

mujer de mi vida, la primera que había logrado conquistar mi corazón, esperaba una respuesta mía, alguna gentileza.

No me malinterpretes, yo había ensayado lo que le diría si acaso el destino y la fortuna divina me la colocara frente a mis ojos. Tenía que ser una frase corta, pero contundente. Incisiva, puntual, demoledora.

Pero los nervios me jugaron una mala pasada.

—Hooo........la —dije con la voz aflautada.

Y miré compulsivamente a otro lado, como si no me interesara.

¿Por qué esperamos toda una vida que nos devuelvan la mirada, y cuando eso ocurre hacemos como que no nos importa?

¿Por qué pasamos toda una vida ensayando frente al espejo lo que le diremos y cuando la tenemos en frente solo nos sale la primera idiotez sin editar?

Ella, la dama de mis sueños, asintió a mi ahogado saludo con su cabeza, y con mucho respeto siguió charlando con Celina. Quien escribe hoy este libro, seguía mirando al lado opuesto tratando de pensar algo rápido, algo medianamente inteligente que me pusiera en carrera otra vez. Pero mi cerebro estaba agotado o demasiado conmocionado.

Liliana, mi bella amada a la distancia, se disculpó con su amiga y se dio media vuelta para regresar a la campaña. La tuve a unos escasos centímetros y solo pude decirle un aflautado «hola».

Me sentía un fracaso, un fiasco. No pretendía declararle mi amor, pero por lo menos, pude haberle dicho algo romántico, o inteligente, al menos.

Pasaron cinco años. Cinco largos años sin que la volviera a ver.

A fines de 1989, me dedicaba a cantar las alabanzas y dirigir los servicios evangelísticos de un conocido hombre de Dios. Recorríamos distintas congregaciones, realizando ciertos encuentros de avivamiento. Llegamos a una iglesia, donde gracias a uno de los músicos, me enteré de que Liliana se congregaba allí. No se había casado ni engordado ni sufrido ningún accidente, tal como habérsele caído los dientes, el cabello o quemado la cara. Sé que suena frívolo y superficial, pero para aquel entonces era muy importante saber si había conservado su belleza, luego de extensos cinco años.

Este iba a ser mi segundo encuentro, después de tanto tiempo. Tenía que probarme a mí mismo qué sentiría cuando la volviera a ver. Si solo fue un enamoramiento de adolescente o si aún perduraba aquel sentimiento en mi alma.

Estaba entonando una canción que decía: «Toma mis manos, te pido, toma mis labios, te amo, toma mi vida, oh, Padre, tuyo soy».

Fue entonces que la vi entrar. Su figura se recortó sobre la entrada principal del templo. Los años le habían hecho muy bien, estaba mucho más bonita aún que cuando la conocí. Su figura era esbelta, delicada. Allí estaban las campanas y las palomas, otra vez, un tanto más viejas, pero allí, revoloteando alrededor de la princesa.

No hacía falta nada más, mi corazón estaba a punto de estallar. Si me tocaba morir en ese instante, estaba listo, valió la pena haber vivido solo para volver a verla.

Seguidamente, detrás de ella, alguien más apareció y la tomó del brazo.

Era su novio, o algo parecido. Era de suponer que alguien pretendiera adueñarse de una mujer tan bella.

Sé lo que estás pensando y puedo verte sonreír.

¿Crees que me di por vencido?

No estaba dispuesto a dejar pasar esta oportunidad. Ahora tenía determinación. Si la primera vez lo arruiné con mi inexperiencia y mi falta de decisión, esta era mi segunda oportunidad y no iba a desaprovecharla.

Iba a romper un techo en el proceso, si era necesario.

«Señor», oré, «si vas a permitir que sea el pastor de los jóvenes de mi nación, permíteme demostrarte que puedo ser fiel en lo poco. Antes de salvar a miles de jóvenes, déjame arrebatar a esta pobre de las garras de ese mal viviente».

El servicio terminó y me abrí paso entre el gentío. El novio de mi amada se alejó un momento para hablar con sus compañeros de fechorías y me dejó el campo libre. Sé que no luce muy espiritual, pero estaba profundamente enamorado y no podría mentirte diciendo que decidí esperar un tiempo prudencial. Estaba decidido. El muchacho que había entrado del brazo con ella, era simplemente un escollo.

Era un jebuseo interponiéndose ante la tierra prometida.

Un filisteo desafiando a los escuadrones de Israel.

Un profeta de Baal haciendo un altar delante del gran Elías.

Era un tal Iscariote sosteniendo una bolsa con treinta monedas de plata en dirección a la merecida horca.

¿Ahora si te luce espiritual?, lo sabía.

Me acerqué a Liliana y fui directo al grano.

—Liliana, soy Dante, quiero presentarme.

—Oh, sí, acabo de verte cuando cantabas —dijo.

—No, no, no. Nosotros nos conocemos desde hace mucho tiempo, unos... cinco años atrás.

—No puedo recordarlo —replicó.

A decir verdad, había orado para que no lo recordara.

—Lamento que no lo recuerdes —dije, sorprendido— tuvimos una interesante conversación. Pero lo importante es que hoy es mi último día en esta iglesia y tengo que decirte algo que he guardado durante cinco años.

Liliana me observó con detenimiento. Todas las personas alrededor parecían invisibles. Esta era mi única segunda gran oportunidad, la revancha que me ofrecía la vida. Si arruinaba este momento, tal vez en cinco años más, o menos, esta chica le pertenecería a otro hombre.

Fueron cinco segundos de silencio o diez. Pero parecieron una eternidad. Sentía que alguien debía ir al estacionamiento por un serrucho para abrir urgente el techo. El punto sin retorno, o abrir las tejas y bajar al lisiado, o bajar del techo con un puntapié del pescador, o como se llame su ocasional novio.

—Eh, bueno, lo que voy a decirte, no lo tomes como una declaración formal. Respeto profundamente que estás comprometida. Lo que intento decirte solo es a nivel profético.

El Goliat se acercaba lentamente hacia nuestra privada charla, así que, tenía que apurarme.

—Solo para que estés enterada, a nivel informativo, me veo en la obligación de decirte que yo soy el hombre de tu vida. De hecho, estás parada ante el padre de tus futuros hijos.

Lo que pasó inmediatamente después fue más que confuso. La bella dama cambió su expresión respetuosa y pasó de la sorpresa al enojo en cuestión de segundos.

Las campanas enmudecieron y las palomas volaron alborotadas del recinto.

Liliana se acercó a mi oído lo suficiente como para no ser oída por su filisteo privado y dijo:

—Nunca, nunca, nunca, tendría algo que ver contigo. No eres mi tipo de hombre, eres un desubicado y no me siento atraída por ti.

Se dio media vuelta y se tomó de las garras de su novio.

Pero era un detalle. Estaba determinado. Y si Thomas Edison descubrió dos mil maneras de cómo no hacer luz, yo apenas iba por la primera.

Así que, rompí el techo.

Envié ramos de rosas para su cumpleaños.

Escribí cartas de amor.

Le ofrecí empleo para poder costearse sus estudios en el seminario bíblico.

Hice amigos en común.

Le envié mensajes.

La encontraba «casualmente» a la salida de su casa.

Le envié más mensajes.

La tomé de la mano, con el único y sano propósito de ayudarla a cruzar una avenida muy peligrosa de Buenos Aires.

La llamé por teléfono.

Me confesó que aquel gigante filisteo pertenecía a su vida pasada.

Le envié más cartas.

Le caí simpático a su madre y le parecí trabajador a su padre.

Le robé un beso.

Finalmente la enamoré.

Seis meses y unos días después de que me dijera que yo no era su tipo, Liliana se convertía en mi esposa, en esa misma iglesia.

Aquella bella dama, se pone más bonita con el pasar del tiempo y se ha transformado en la madre de nuestros dos hermosos niños: Brian y Kevin. Aún vuelan las palomas en nuestro hogar y suelen sonar las cristalinas campanas. La compañera perfecta, la mujer ideal, la dama de mis sueños, duerme conmigo.

Determinación, es la clave. Para comenzar a predicar o

iniciar un negocio. Para conseguir el empleo o lograr ese aumento. Para bogar por tu ministerio o decirle toda la verdad a los tuyos. Para ser un invasor y no un pasivo. Para pasarle por encima a las cosas y que no sean las circunstancias las que te atraviesen.

Tienes que llegar a la cita de tu vida.

Principalmente, si sabes que el Maestro aún está en casa.

Aunque tengas que romper un techo.

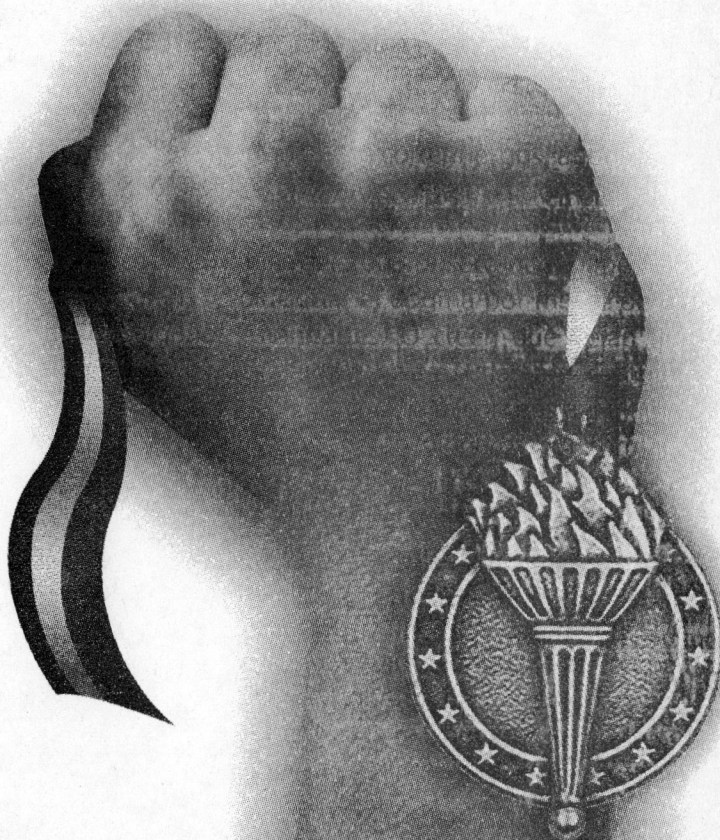

CAPÍTULO 7

Esa extraña raza de visionarios

El hombre camina entre las tumbas encorvado y en silencio.

Una brisa otoñal recorre el frío cementerio. Está más cerca del final que del principio de la vida. Vive sus últimos años, los de la vejez, los de la experiencia. Se le nota cansado, pero hace un esfuerzo por caminar. Detrás de él, los que parecen ser sus familiares, lo observan con profundo respeto. El caballero se inclina sobre una de las tumbas.

La lápida lleva el nombre de un teniente del ejército americano. No es de cualquier teniente, para el viejo hombre, pertenece a quien le devolvió la vida. Fue quien cruzó el mapa en plena guerra para devolverle su libertad.

Hacía muchos años, el gobierno americano había revisado los archivos para descubrir que una madre había perdido cuatro hijos en el frente de batalla. Y no era justo que perdiera a su quinto muchacho, bajo bandera en el ejército.

Había que indemnizar a la madre de algún modo y lo mejor era buscar al quinto hijo en medio de la batalla, darle de baja, y enviarlo de regreso a casa. Que viviera los últimos años junto a una madre que lo perdió casi todo. Durante el rescate, el mismísimo teniente no puede creer que todo un pelotón se sacrificara para rescatar a un solo soldado. Pero le costó su propia vida y sus mejores hombres y antes de morir el teniente mira al soldado a los ojos y le dedica sus últimas palabras: «Espero que te merezcas este sacrificio, por lo menos vive una vida digna, que valga la pena».

Ahora el soldado es el viejo que observa la lápida. La guerra terminó hace muchos años, pero él quiere saber si saldó su deuda con el teniente. Contempla su tumba y le hace una pregunta a su anciana esposa, que está a unos pasos detrás de él.

«Necesito que me digas si fui un buen hombre», dice. «Dime si viví una vida buena. Dime si fui digno de tanto sacrificio», insiste entre lágrimas mientras se funde en un abrazo con la mujer de su vida.

La escena es la más lograda del film *Rescatando al soldado Ryan*, interpretada por el laureado Tom Hanks.

Siempre me ha fascinado tratar de definir el corazón de un visionario. Y posiblemente, esta escena del film de Spielberg sea la que más lo describa. Todo soñador siente que tiene una deuda eterna con la cruz, está consciente de que lo recibió de gracia, pero aun así, siente la presión de hacer valer cada minuto de su vida, cada día de su existencia.

Ryan no podía permitirse el lujo de pasarse la vida jugando al baloncesto o pescando junto al río. Todo un pelotón murió para darle la opción de tener vida. Y debía hacer algo importante, algo que valiera semejante esfuerzo. Nunca inventó nada, ni ganó un Pulitzer o el Nobel de la paz. Pero le bastaba con saber si al menos había logrado ser un buen padre y mejor esposo.

Este es un libro para campeones, para los que tienen sed del oro del primer lugar. Pero fundamentalmente, este capítulo es para los que sufren de insatisfacción santa, los que poseen un doble dosis de ambición espiritual.

A través de los años, me sigue sorprendiendo la manera en que se ha malinterpretado la palabra visionario. Cualquier persona que construye una iglesia prominente o emprende algún proyecto nuevo, no necesariamente está nominado a engalanar la galería de los que pueden ver más allá que los demás.

El visionario respira, duerme, se baña, sueña, ríe y llora a través de su visión. No tiene ganas de emprender algo porque el sermón del domingo pasado llegó a su corazón. Camina por encima de lo sobrenatural, aunque el mundo se derrumbe a su alrededor.

Quiero que lo veas de esta forma: Dios no cumple años, no festeja aniversarios, no está gobernado por el reloj. El Creador ya tenía resuelto el pecado, aun antes de que Adán pecara. El tiempo es una cápsula para el hombre, pero no para Dios. Él está en tu presente, en tu pasado y en tu futuro. Parece algo infantil, demasiado lógico, pero si logras entenderlo, descubres que solo él es quien puede darte una palabra en el presente, para sanar tu pasado y afectar tu futuro.

Ahora bien, si entre otras cosas, él ya estuvo en tu futuro, significa que vio lo que hay para ti algunos años más adelante.

Los que solo ven lo natural creen que tienen que descubrir su destino; los visionarios hicieron un viaje de expedición con Dios y ya estuvieron ahí.

Regreso al futuro

Moisés envía a doce delegados de cada tribu a espiar la tierra. Diez eran del montón, dos eran visionarios. Diez vieron los gigantes, los otros dos vieron los gigantes... y lo que había detrás. Diez pensaron que Dios les pedía opinión, dos entendieron que solo se trataba de una invitación de cortesía al mejor estilo de los *tickets premium*.

Cuando es inminente el estreno de un buen largometraje, las grandes compañías de cine suelen ofrecer una *premier* para algunos destacados periodistas, colegas, los propios actores y selectas figuras del ambiente. No les preguntan si pueden estrenar la película, a decir verdad, no les interesa en lo más mínimo la opinión de los invitados. Solo creen que ellos merecen ver, antes que el resto, lo que disfrutarán millones de espectadores alrededor de todo el mundo. Eso es, exactamente, lo que Josué y Caleb entendieron.

Lo que Dios trataba de hacer era ofrecerles un adelanto, un estreno para personas muy importantes, el Creador estaba ofreciendo una función exclusiva para sus invitados. Pero los que no pudieron entenderlo, pensaron que el director de la película los invitó para que escribieran una crítica en el periódico de espectáculos.

—No podemos lograrlo, está lleno de gigantes. Es demasiado arriesgado —dijeron mirando por sobre sus anteojos.

—Podemos. Los devoraremos como a pan —opinaron los visionarios fascinados por el viaje al futuro.

—Somos como langostas —finalizaron los religiosos ciegos.

—Dios pelea por nosotros —razonaron los visionarios.

Ahora, quiero que leas con cuidado. Tienes unos treinta y tantos años y aún eres soltera. Has llegado a considerar seriamente que tal vez nunca llegues a casarte. No encuentras el hombre ideal y presientes que vas a morir «doncella por antigüedad», la sola idea de no tener con quien compartir tu amor te aterra. Pero olvidé decirte que, además de predicador y aprendiz de escritor, soy un científico loco. Acabo de inventar una máquina del tiempo y quiero estrenarla con alguien, si te parece bien, podemos hacer un viaje, digamos, al año 2020. No es nada serio, solo hablo de echar un vistazo a tu futuro.

¿Te fascina la idea?, sabía que podía contar contigo. Ingresas, apretamos los botones correctos, calibramos las coordenadas correspondientes, y allí vamos.

Imagina que te ves, no solo felizmente casada, sino además, rodeada de unos tres bellos niños. A decir verdad, has engordado un tanto, pero no es lo que más importa. Observa con cuidado, allí está él. Es como te lo imaginabas, alto, bien parecido, y está trabajando en el jardín mientras que el molesto perro no deja de ladrarle a la cortadora de césped. ¿Viste eso?, hasta tienes un perro, realmente puedes sentirte una joven afortunada.

Pero tenemos que regresar, nunca te dije que vinimos para quedarnos. Tu tiempo aún no es este. Si te quedaras, podrías interferir con tu propio yo y encontrarte contigo misma, y eso ocasionaría un golpe cósmico. Esto es solo un adelanto de tu vida, un paneo general de lo que vendrá.

Ahora bien, ¿cómo crees que te sientes?

Después de haber visto tu futuro... ¿crees aún que podrías preocuparte por morir soltera? Claro que no, estuviste allí y sabes lo que vendrá. Ahora puedes dedicarte a disfrutar tu presente y tu soltería en vez de maldecir el presente. Pero convengamos en que te has transformado en una visionaria, viste demasiado como para dejarte que la vida te pase por encima.

Sigamos con el experimento, que pase el que sigue.

Miren a quién tenemos aquí. Me miras sorprendido y opinas que nunca serás un hombre de Dios. Si no me equivoco, crees que no calificas para el campeonato espiritual, tienes demasiados hábitos ocultos como para creer que Dios tenga planes con tu vida. Pero claro, a ti tampoco te hablaron de mi máquina del tiempo.

Súbete y vayamos juntos al 2012, no es tan lejano. Observa el imponente estadio del futuro. Miles de personas pugnan por ingresar al predio, vienen de todas partes del mundo. Formémonos en fila como los demás, aquí nadie nos conocerá. Dicen que este predicador es usado tan poderosamente por el Señor que varios jefes de estado le han solicitado entrevistas. Hasta la CNN se alinea para obtener las mejores imágenes de la cruzada. Y ahora, mi distinguido pasajero del tiempo, prepárate para el impacto de lo que vas a ver. Observa al predicador saliendo al escenario central.

¿Ya viste quién es?

¡Sabía que no ibas a poder resistirlo!

Casi te desmayas de la emoción. Eres tú mismo, con algunos años más. El bigote no te queda del todo bien, pero lo importante es lo que Dios hace contigo. Los paralíticos corren desaforados por el estadio, la gente se aglomera para hacer la oración del penitente. Realmente tienes un mensaje demoledor.

Pero debemos regresar.

Por favor, no hagas las cosas más difíciles, sé lo que darías por quedarte el resto de la reunión y ver tu sueño cumplido, pero solo se trata de un vistazo.

La misma pregunta que le hice a la dama, ahora que estamos de regreso. Después de lo que viste, ¿aún te preocupa el ministerio o si Dios va a usarte? La respuesta es obvia, claro que no. Viste demasiado como para detenerte en pequeñeces del presente.

El visionario ya estuvo en donde los demás aún no ingresaron. Él ya vio la película. Ahora solo queda esperar el estreno mundial, para que el resto la disfrute.

Por eso es que los que están un paso más allá, los que

ingresaron a su futuro, casi nunca pueden disfrutar su presente.

Liliana, mi esposa, me ha enseñado a vivir un día a la vez. Ella siempre dice que es muy difícil convivir con alguien que ya estuvo en su futuro, porque puede cometer el gravísimo error de perderse el presente.

Cuando Dios te permite ingresar en tu futuro y te embriaga con una visión, es para que aprendas a disfrutar lo que tienes ahora y para que a cada minuto, hagas algo que haga que valga la pena tanta gracia invertida en tu persona.

Los visionarios tienen a favor que ya estuvieron ahí, pero pueden cometer el error de no bendecir su sala de espera. La soltería pasa una sola vez. Los hijos pequeños corretean por tu hogar solo mientras son pequeños. Hay que vivir cada minuto sabiendo que ya no regresará.

Una vieja y conocida canción de un popular intérprete latino, dice:

De tanto correr por la vida sin frenos,
Me olvidé que la vida se vive un momento,
De tanto querer ser en todo el primero,
Me olvidé de vivir, los detalles pequeños.

El hecho de visionar el futuro tiene que lograr relajarte y darte la tranquilidad de que Dios ya estuvo en lo que viene, y nada ni nadie lo puede modificar. Josué y Caleb contaban con eso. Ni siquiera otros cuarenta años por el desierto hicieron que olvidaran lo que habían visto.

Semillas y cheques posdatados

Imagínate que compras semillas de tomate. Remueves las hierbas molestas, abonas la tierra, rastrillas el suelo y plantas tus semillas. Cada tanto, excavas el lugar, riegas la zona y esperas. Nadie sabe lo que hay bajo tierra fuera de ti. Tú plantaste semillas de tomate y eso es lo que esperas que germine.

Cuando el tiempo se cumpla y tus plantas de tomate asomen a la luz, vendrán los que antes no veían nada y harán los comentarios pertinentes al caso:

—¡Uao! ¡Qué buenos tomates!

—¡Quién se hubiese imaginado que estas bellezas rojas crecieran en tu huerta!

—¡Se me hace agua la boca solo con imaginarme una gran ensalada!

Todos están sorprendidos, todo el mundo lo disfruta. Pasen y vean, la gran atracción turística, observen y deléitense con los increíbles e inimitables tomates que conmueven al planeta.

Solo hay alguien que aparenta no disfrutarlo, o por lo menos no parece sorprendido: el visionario.

No te culpes, sucede que ya lo habías visto mucho antes. Si viajaste hasta el almacén e invertiste tu dinero en semillas de tomate, abonaste la tierra fértil, e hiciste lo que se suponía que hicieras... ¿qué esperabas que creciera? La respuesta es más que lógica: ¡Tomates!

Mientras el gentío se deleita con tu flamante plantío e imagina unas frugales ensaladas, tú ya tienes otros proyectos bajo tierra. Otras semillas que germinan y se bifurcan bajo la misma huerta.

De eso se trata. El visionario ya estuvo en su futuro y sabe lo que sencillamente ocurrirá cuando el sol vuelva a aparecer en el horizonte. Él no se sorprende del lugar donde ya estuvo. Es por eso que los que están adelantados tampoco están capacitados para disfrutar de lo que alcanzan. Tienen la sed del oro. Van por más. Quieren el campeonato. No pueden detenerse a observar el diploma que pende de la pared. Ellos quieren hacer la milla extra. Otro round. Una victoria más.

Antes de realizar nuestra primera gran cruzada, tuve una visión. Fue en el año 1991. Recuerdo que caminé en el espíritu por todo el imponente estadio Vélez Sarsfield. Recorrí cada pulgada del lugar. Subí cada grada y observé con cuidado cada detalle del sitio. Y lo vi colmado de jóvenes de todos los puntos del país. No existía la más remota posibilidad de que eso ocurriera, era una perfecta utopía, un joven desconocido no podía alquilar ese estadio y mucho menos, en base al sentido común, soñar con que se colmara con una multitud.

Cuando la visión terminó, sentía que efectivamente yo había estado allí. Y me comporté como que era lógico que todo lo que había visionado iba a ocurrir, así de sencillo.

Había hecho un viaje a mi futuro y ahora estaba de regreso, enfrentándome a la realidad.

Cuando al fin se concretó la cruzada en 1996, el único que no estaba sorprendido era este servidor. La gente aplaudía azorada mi plantación de tomates, pero yo la había disfrutado mucho antes, cuando compré las semillas en mi visión.

Uno de los secretos fue que creí en las semillas que había adquirido y, por consiguiente, me comporté como el dueño del plantío.

Aún recuerdo lo que sentí en mi interior, luego de tener aquella visión. Nada alrededor había cambiado, mi entorno continuaba inerte. El teléfono no comenzó a sonar y nadie vino a nuestra puerta a ofrecerme un ministerio o un puesto en la iglesia. Pero algo se había transformado en mi interior. Me sentía el «Pastor de los Jóvenes». Apenas tenía las semillas y solo yo podía disfrutar lo que estaba bajo tierra, pero eso bastaba para sanar mi estima y alegrar mi presente. Cambió mi manera de levantarme de la cama y me puso erguido. Mi mirada adquirió otra personalidad y mi andar era seguro. Para aquel entonces, la mayor multitud que me oía predicar era un puñado de quince jóvenes, que soportaban mi inexperiencia con mucha valentía y arrojo. Pero yo me sentía un predicador de multitudes, había estado en mi futuro, y no cabía la menor duda de que eso iba a ocurrir.

Ahí es cuando te bañas, duermes, respiras, amas y lloras a través de la visión. No es un proyecto lo que te mantiene vivo, es tu futuro el que consume cada minuto de tu presente.

¿Te sientes identificado? Solo déjame que avance un poco más.

Ya llevamos siete capítulos juntos y creo que me he ganado tu confianza. Si te doy un cheque por un millón de dólares, pero posdatado... ¿crees que puedes confiar que ya eres millonario?

Si me dices que no, herirás profundamente mi sensibilidad.

Si para ti soy una persona confiable, no veo por qué debes dudar de que ya eres millonario. El único detalle es que no puedes cobrarlo ahora, el cheque es para dentro de un año y dos meses, para ser exactos. Tiene el logotipo del banco, mi firma auténtica y los seis ceros que se necesitan. Ahora eliges cómo quieres vivir: o maldiciendo y desperdiciando tu presente, o levantas el ánimo y te paras derecho, sabiendo que en tu bolsillo tienes un cheque por cobrar.

Cuando el calendario coincida con la fecha estampada en tu cheque, irás al banco y lo harás efectivo. Si siempre has confiado en mí, lo normal es que no te sorprendas. Te lo entregó alguien confiable, se suponía que el cheque era mucho más que papel pintado.

Si tu visión proviene de Dios, no cuentas con el lujo de la duda. Él es confiable, su banco tiene solidez y hasta te permitieron entrar a la bóveda y observar tu dinero a cobrar en un futuro cercano. Eres un cheque posdatado.

¿Te da nervios la soltería?

Cuestión de tiempo.

¿Te parece que los ministerios y los dones te esquivan?

Observa tu cheque.

¿No consigues el empleo ideal?

Haz una llamada a tu banco y pregunta si tu dinero aún sigue ahí.

Aquella profecía ¿tarda en cumplirse?

Da un pequeño paseo por la bóveda del banco.

¿Aún no eres correspondido en el amor?

Vuelve a abonar la tierra.

¿Quisieras ser parte de un gran avivamiento?

Mira la fotografía de los tomates en tu bolsa vacía de semillas.

Cuestión de tiempo.

Los visionarios casi no disfrutan el presente porque han incursionado en su futuro. No se detienen en una victoria o un sueño concretado, porque ya estuvieron allí antes. Y como el viejo soldado Ryan, sienten que cada minuto de sus vidas vale oro. Tienen una deuda eterna con la cruz y con aquel que los llevó a observar los años que estaban por delante.

No busques a un visionario en el parque de diversiones. Tampoco los encontrarás en grandes ágapes o confraternidades tediosas. Mucho menos integrando burocráticos comités pastorales. No pasan su vida jugando al tenis o mirando televisión.

Ellos van por la conquista, quieren el oro de la medalla, el cinturón y la corona.

Están unos quince o tal vez veinte años adelantados.

Pertenecen a esa extraña raza de visionarios y vieron demasiado como para estar quietos.

CAPÍTULO 8

Hombres de negro

Los dos visten de negro y usan lentes oscuros.

Caminan sin prisa, y cualquiera se daría cuenta de que están profundamente preocupados. El largo pasillo, tenebroso y siniestro, se dibuja ante ellos como una premonición de lo que les espera adelante, en cuestión de instantes. Casi no hablan, pero los dos sienten lo mismo. Ese sentimiento agobiante e insoportable: el miedo. Uno de los dos rompe el silencio.

—¿Quién se lo dirá al jefe?

El otro casi no contesta, solo se le oye un murmullo. Un rezongo, tal vez. Acaso porque sabe que lo inevitable es inminente. Cruzan el frío pasillo y la compuerta se abre en medio de un chirrido lúgubre. Casi no hay oxígeno y la atmósfera está viciada. Los oscuros visitantes solo ven el imponente sillón rojo de espaldas. Apenas divisan la silueta de su superior en medio de una espesa bruma. Uno de los hombres de negro está sudando. El otro, apenas puede respirar del miedo. El jefe no pregunta, solo espera en silencio el reporte.

—No pudimos... —el hombre se arregla la garganta—, mejor dicho, no hay nada que podamos hacer.

El jefe sigue de espaldas, no ha dicho nada, pero ellos saben que está muy enojado. Suele perder el control cuando oye que una misión ha fallado. Por eso, los hombres de negro están temblando. Pero esta vez no hay gritos, no hay histeria. El jefe sigue de espaldas y se percibe una honda frustración en sus palabras. Suena cansado. Apenas, casi imperceptiblemente, mueve sus huesudos y largos dedos.

—Deben tener algún punto débil —dice—, un talón de Aquiles. ¿Seguro que lo probaron todo?

—Todo, jefe. Los hemos llenado de tentaciones las veinticuatro horas, tratamos de hacerles sentir culpa y autocompasión, pero sin resultados. Tratamos de llenarlos de odio y resentimiento, pero los desgraciados tienen un anticuerpo. Agotamos todas las armas con ellos.

—¡Tienen que tener alguna maldita debilidad! —dice el tenebroso jefe mientras cierra su puño derecho—, recuerden que solo son mortales. ¿Probaron con pensamientos impuros y obscenos? ¡El arma de la pornografía y la obscenidad siempre los afecta hasta destruirlos!

—No funciona con ellos. Vuelven a levantarse cada vez. Tienen la estirpe de la nueva generación. Son temerarios, forman parte del último escuadrón. Son una amenaza latente contra nosotros. No logramos quebrarlos, viven en estado de alerta. Tienen corazón de caballeros.

—Lo sé —responde el jefe entre dientes—, mientras se sigan levantando jóvenes así, no tendremos un minuto en paz, y lo peor es que dejaron de defenderse y ahora los desgraciados nos atacan.

—Además reciben entrenamiento continuo, jefe. Un adiestramiento de guerra. Los están adiestrando para una lucha sin cuartel, sin treguas, y si esto continúa, se levantaran otros como él. Arrasarán los colegios, las universidades, las oficinas. No jugarán al evangelio, serán cristianos llenos de pasión. Completamente radicales. Nos perdieron el miedo. Y ya se dieron cuenta por dónde pasa la verdadera batalla.

—Ojalá se quedaran entre las cuatro paredes cantando coritos, serían indefensos. Hemos visto desfilar generaciones enteras de ese modo. Pobres ovejitas suplicando piedad.

—¿Está bromeando? Estos son de los que no se conforman con reuniones sociales, con confraternidades ridículas. Esta generación tiene sed de conquista y no se detendrán por nada. Tienen la sed del oro, quieren ser campeones. Sencillamente son diferentes. Quieren invadirlo todo en el nombre de Jesucris... bueno, en el nombre de quien usted ya sabe.

Debajo del cuadrilátero

Hace poco, me contaron una anécdota que protagonizó un conocido pastor amigo, que fue citado por un importante comité de ministros y teólogos. Estaban intrigados por los mensajes de este prestigioso orador y fueron directo al grano. Le dijeron, sin rodeos, que les diera una razón por la cual jamás mencionaba a Satanás en sus mensajes. Nunca hacía referencia al diablo ni a sus huestes.

El predicador se reclinó sobre su silla e hizo un gesto como intentando recordar. Luego de un extenso silencio, frunció el ceño y dijo:

—Satanás... Satanás... me suena conocido. Si mal no recuerdo debe ser aquel que la Biblia menciona que fue vencido y aplastado en la cruz, ¿verdad?

Los demás asintieron en silencio.

—Entonces tendrán que disculparme —agregó—, sucede que paso tanto tiempo con Dios, que no me resta tiempo o a personajes derrotados. En mi lenguaje no ___cluir a los vencidos.

___os que estuvieron en aquella reunión dicen que nadie pudo discutir ni agregar nada a lo que el hombre de Dios había dicho. Su razonamiento era inobjetable.

Durante años y generaciones enteras, nos hemos pasado el tiempo teniéndole pánico al diablo. Desde que conocemos a Jesucristo, se nos dispara al subconsciente que en cualquier momento el equipo contrario puede ganar la batalla. Inclusive los libros más vendidos tienen que ver con aquellos que invierten sus páginas en tratar de definir y descubrir cómo es el enemigo.

El común denominador con el que me he enfrentado cada vez que Dios me puso ante una multitud de jóvenes, fue el terrible miedo implícito que ellos sienten hacia Satanás. La guerra espiritual pareciera ser la única y determinante arma secreta y vital para una vida victoriosa o un verdadero avivamiento.

Es como si el Señor hubiese dicho que logró vencerlo un poquito, pero que como no pudo completar la obra, nosotros tenemos que terminar de derrotarlo.

Quiero que leas con atención lo que trato de decirte:

Satanás está vencido.

Sin poder.

Derrotado.

Acabado.

Terminado.

Destruido.

En la lona.

La cruz acabó con ese bravucón.

Y un gran secreto: Le tiene terror a los campeones.

Cuando un boxeador logra alcanzar su título, si lo desea, ya no tiene que volver a pelear. No tiene nada que demostrar, ya ha logrado superar a los que disputaban su cinturón.

Pero si aparece alguien que lo desafíe, el único que puede autorizarlo para una pelea... es el propio campeón. Si el dueño de la corona no le autoriza la pelea, no importa lo que diga, no podrá subir al ring.

El día que entiendas que —a través de la gracia y el sacrificio redentor—, el Señor te entregó el cinturón de ganador, absolutamente nadie podrá subir a tu ring. Estarás por encima. Con tu título. Lo único que puede hacer el perdedor es intentar desafiarte debajo del cuadrilátero. Pero no está a tu nivel, a menos que se lo permitas.

En el huerto de Edén, Dios sentenció a la serpiente, que se arrastraría por el polvo. Ese es el nivel que le corresponde al enemigo: arrastrado, ni siquiera está en el ring, y el único que lo puede autorizar a subir eres tú mismo. Cuando logras entender la dimensión de estas palabras, descubres que el enemigo no está preocupado en atacarte, sino en defenderse.

Lo curioso de la guerra espiritual es que hemos errado en el blanco a atacar. El fatídico 11 de septiembre, personajes siniestros tuvieron por objetivo destruir uno de los mayores exponentes arquitectónicos de la gran manzana, las Torres Gemelas. Ni siquiera a sus mentes perversas se les hubiese ocurrido atentar contra el arquitecto o el diseñador de las torres. El blanco era el símbolo del poder financiero del país.

Cuando el cristiano cree que la guerra espiritual se reduce a reprender demonios u ordenarle a Satanás a los gritos que salga fuera, en realidad, solo intenta librar una batalla con el arquitecto, el diseñador de un sistema perverso, pero no afecta su obra. Mientras perdamos nuestro valioso tiempo en inútiles griteríos místicos, el sistema diabólico seguirá arrastrando almas al infierno.

El problema ya no es Hitler, sino el nazismo.

El problema no es el diablo, sino sus obras.

Cuando no tenemos claro el objetivo y pensamos que la guerra es con Satanás, es cuando comenzamos a tenerle miedo, y esa justamente es la manera que él tiene para hacerte bajar del ring o permitirle subir a él. Olvidamos que lo que tenemos es mayor que cualquier cosa de afuera. Creemos que esta victoria es pasajera porque, tarde o temprano, el enemigo vendrá por la revancha. Consideramos que nunca podremos ser campeones, ignorando el cinturón que por gracia sostiene nuestro pantalón.

No digo que no tengas que estar alerta, sino que cuando sepas el nivel en el que el Creador te puso, ya no perderás tu tiempo escuchando a torpes que gritan debajo del cuadrilátero.

Juguetes del Comando Estelar

Veamos si te lo digo de esta forma. Soy padre de dos hermosos varones, Brian y Kevin. Así que puedo considerarme un experto en videojuegos (no los practico, pero conozco todo el árbol genealógico de Mario Bross). Podría hacerte una visita guiada por las habitaciones de mis niños y contarte las cualidades de Spiderman y los X-Man, estos últimos son bastantes complicados de entender, pero sé que el hombre araña está perdidamente enamorado de su vecina.

Y también, obviamente, sé todo lo que puedas imaginarte acerca de las películas animadas. Soy casi un crítico en el género, he visto esos largometrajes cientos de veces, conozco las canciones, los secretos del Rey León y sé por qué la Bella ama a la Bestia.

Pero hay una en particular que me recuerda a algunos cristianos tipo *Toy Story*. Más puntualmente, el singular Buzz Lightyear, es mi personaje favorito.

¿Tienes hijos? Entonces debes saber de lo que te hablo.

¿No los tienes? Entonces deberías tenerlos. No puedes pasar por esta vida sin conocer la fascinante película acerca del mundo de los juguetes.

El guión muestra la vida de los juguetes de un niño y el amor que sienten al saber que forman parte de su niñez. Todos son juguetes y lo saben, excepto uno: Buzz Lightyear, que es un robot que acaba de arribar a la casa. Él cree que realmente pertenece al Comando Estelar y está convencido de que llegó a la habitación del niño porque hubo un error en las coordenadas de su nave espacial. El pobre muñeco articulado cree que vive una guerra espacial y se defiende activando su «rayo láser paralizador».

«¿En verdad crees que ese es un rayo láser?», le pregunta incrédulo un pequeño vaquero del tamaño de una Barbie, «¿no te das cuenta que es solo una lucecita? ¡Eres un juguete!»

Pero Buzz prefiere creer que tiene un gran arma secreta en su mano derecha. Y que su caja de embalaje es su nave espacial. Está absolutamente convencido de que viene de una lejana galaxia, a pesar de que en su espalda dice «Made in Japan» [Hecho en Japón].

Finalmente, otro juguete se harta y le levanta su casco espacial. Y Buzz cree que va a morir por respirar el oxígeno terrestre. Se ahoga, tiene convulsiones, espasmos, hasta que se da cuenta de que todo es su ilusión, el aire no lo daña. A decir verdad, pronto descubrirá que no es un superhéroe espacial... sino un nuevo juguete en serie.

A través de los años, he visto a muchos cristianos que se parecen a Buzz. Podrían vivir con naturalidad, pero prefieren creer que vienen de una galaxia lejana. Deberían darse cuenta de que esa caja de embalaje es la interminable gracia que les permite caminar y decidir, pero prefieren pensar que es una nave espacial de poder. Olvidan que tienen la inscripción de «Made in Dios» en la espalda para dar lugar al pensamiento de que están en una guerra interplanetaria. Podrían ser sal y luz donde hay sinsabores y oscuridad, pero jamás se quitan su casco transparente espacial, para no contaminarse.

Y por supuesto, viven apuntando al enemigo con su lucecita de color, pensando que es un imponente rayo láser paralizador. Gritan y reprenden, hacen mapeos geográficos y tomas simbólicas de ciudades. Viven una guerra que nadie declaró, cuando podrían sentirse campeones y levantar los brazos en el ring.

El diablo solo puede andar como león rugiente alrededor de los ganadores, pero no puede tocarte si traes el cinturón puesto. Dicho sea de paso, un león que ruge es aquel que no tiene garras ni dientes y está acabado. No tiene autoridad para darte pelea, si tú no se lo permites. Tú eres su pesadilla y no lo contrario.

Cuando logramos entender este concepto, ya no perdemos tiempo en un arquitecto derrotado, sino en sus obras, en su sistema perverso. Pero los Buzz Lightyear, en lugar de marcar una diferencia en la sociedad, prefieren atacar al enemigo con su «lucecita de color».

¿Para qué cambiar el rumbo de un gobierno corrupto integrándose en el ámbito político como José en Egipto, cuando pueden reprender desde su habitación?

¿Para qué cambiar las leyes injustas y parciales de una nación, preparándose en una universidad, cuando pueden pasar su vida tocando un teclado y cantando dentro de la iglesia?

¿Tiene sentido capacitarse para ser un juez incorruptible, un abogado imparcial o un empresario que invierta en el reino, cuando se puede dar solo siete vueltas simbólicas e irse a mirar televisión a casa?

Pereza disfrazada de guerra espiritual. Falta de compromiso con un mundo agonizante disfrazado de guerra interplanetaria. Lucecitas paralizadoras donde debería haber una contracultura.

No ganamos la batalla atacando al diseñador del sistema. No ganamos el título enfrentando a alguien que está derrotado. No podemos darnos el lujo de seguir peleando con Satanás, cuando el verdadero problema son sus obras.

Un orador muy reconocido dijo una vez que descontextualizamos que nadie es salvo por obras para no tener que amar, para no tener que comprometernos demasiado.

Los verdaderos campeones no pelean para llegar a la victoria, simplemente retienen el título. El cinturón es algo que el verdadero Héroe te entregó por pura gracia, pero eso te habilita para el primer lugar, no es discutible.

Ahora, como campeón, puedes utilizar tu influencia para cambiar algunas cosas. Puedes revolucionar la facultad y afectar el sistema de tu trabajo. Puedes cambiar los códigos de tu ciudad y prepararte para las ligas mayores del gobierno. Puedes dar vuelta al concepto lujurioso del entretenimiento y generar nuevas ideas revolucionarias y santas. Puedes demostrar que es posible ser rico sin tener que estafar o ser un trepador inescrupuloso.

O claro, puedes colocarte el casco anticontaminante y jugar a la guerra espacial.

Un amigo periodista, que además es un excelente profesional, me dijo que en ocasiones, algunos cristianos se parecían a un singular padre de familia que compra un automóvil.

Es el auto de sus sueños, imponente, marca alemana. Lo estaciona dentro de su garaje y le quita las cuatro ruedas, que reemplaza por unos soportes de ladrillo. Invita a su esposa y sus tres hijos a subirse para dar un paseo, le da arranque al motor, coloca música rock en su estéreo, enciende las luces y aprieta el acelerador. En cuestión de minutos el garaje es invadido por una intensa humareda y un espantoso olor a aceite y combustible quemado. El ruido del motor mezclado con la música que proviene del vehículo hacen un cóctel ensordecedor.

El automóvil soñado, mucha bulla, pero no se ha movido del garaje: no tiene ruedas. Este curioso dueño del flamante auto se parece a los cristianos que no entendieron por dónde pasa la verdadera batalla espiritual. El ruido y la música por sí solos, no amedrentan al enemigo. El humo y el aroma a combustible quemado no lo espanta.

Ahora, acompáñame otra vez a ese tétrico lugar y oigamos el resto de la conversación, antes que finalice.

Los hombres de negro contemplan en silencio a su siniestro comandante, aguardan con respeto una respuesta.

Por primera vez, el jefe se pone en pie. La bruma sigue siendo aplastante y densa. Una honda preocupación invade el lugar. El jefe mira a sus dos mejores emisarios y les ordena, con un chasquido de dedos, que se retiren de su vista. No quiere verlos ni oír más. Sabe que perdió y le duele a su endemoniado orgullo.

«No puedo permitir que destruyan lo que construí con tanto esfuerzo», dice, «perder con teólogos es más dignificante y hasta entretenido, pero no puedo luchar contra una generación diseminada por toda la ciudad».

Nadie habla en las esferas del averno. No hay nada que festejar ni agregar cuando la misión falla. Satanás contempla su derrota, impotente y sus servidores tienen temor, mucho temor. Acaso porque saben que una nueva estirpe está siendo entrenada para vencer o morir en el intento. Y, acaso, porque también sospechan que les han perdido el respeto.

Están sobre el cuadrilátero.

Y los hombres de negro tienen miedo.

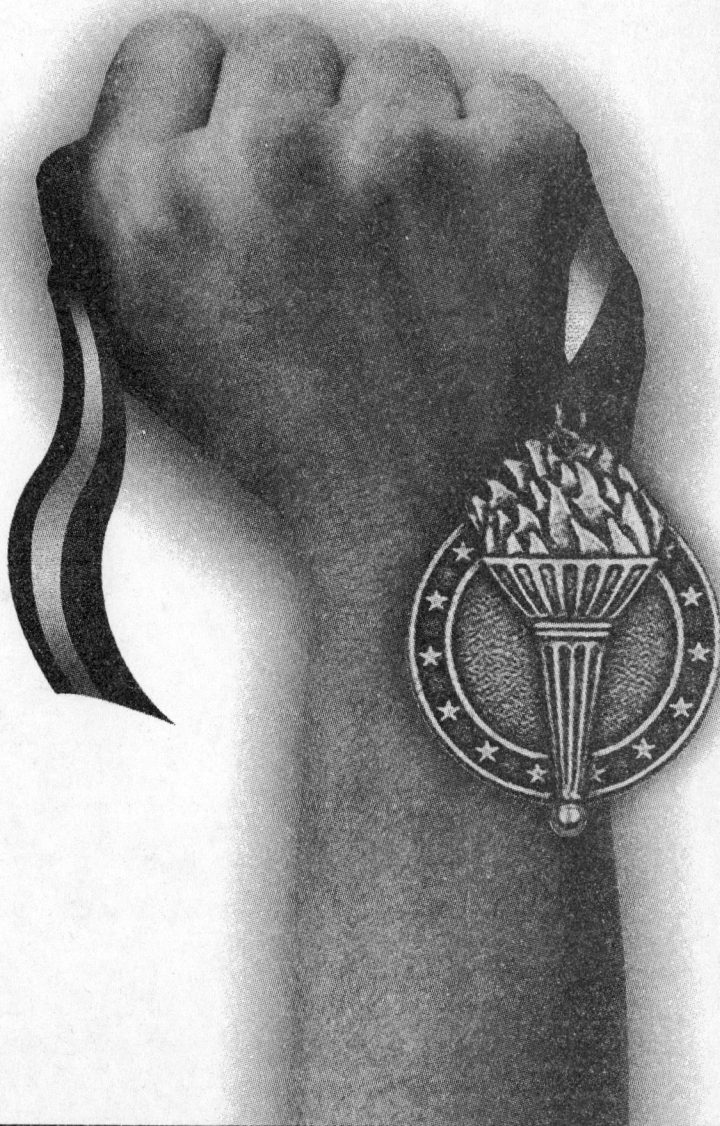

El divino Showman

Los niños le tienen pánico y las damas de la ciudad no hablan de eso. Los jefes de hogar aconsejan a sus hijos a alejarse de él. Dicen que es muy peligroso y nadie sabe lo que sería capaz de hacer. Lo llaman «el loco del cementerio», aunque algunos afirmen que en realidad no es esquizofrenia sino un viejo demonio lo que lo atormenta. Es parte de la leyenda urbana de la pequeña ciudad. Aunque moleste e indigne, forma parte del oxidado inventario de la gris sociedad.

En algunas macabras noches de campamento, al lado de una fogata, se cuentan historias increíbles de este siniestro personaje. Un viejo patriarca les dijo a sus nietos que una vez, hace muchos años, un grupo de muchachos inexpertos intentaron entrar al cementerio para maniatarlo con cadenas. Pero dicen que el loco rompió los grilletes como si se tratara de un hilo de seda. Tiene una fuerza diabólica y sobrenatural.

Se dice por ahí, que alguna vez fue un reconocido abogado, pero quedó así desde que descubrió a su mujer engañándolo con su mejor amigo. Otros disienten con esa historia y afirman que es producto de un pacto satánico de su madre, a cambio de riquezas, y que lo dejaron abandonado junto a un sepulcro cuando era niño. Algunos pueden jurar que vio suicidarse a su hijo y jamás se perdonó no haberle brindado de su tiempo, y es por eso que se autoflagela con piedras hasta sangrar. Pero la historia más fuerte es la que dice que alguna vez fue un famoso magnate de alguna tierra lejana y que su ambiciosa esposa le hizo ingerir unas extrañas drogas que le quitaron sus facultades mentales y lo empujaron a vagar por el mundo, hasta dar con el cementerio de la ciudad.

Sea lo que sea, «el loco del cementerio» hiela la sangre con solo mencionarlo y se oculta tras los enmohecidos sepulcros.

En pocos minutos, alguien cambiará la historia de la leyenda urbana para siempre.

El Maestro desciende de la barca con su sonrisa particular. Alguien detrás de él le cuenta un chiste, tal vez sea Pedro, que está intentando distender a su amigo luego de tanto trabajo. Juan está orillando la barca, mientras Tadeo aún recuerda la tormenta que anoche casi acabó con ellos, mientras baja unas maletas.

De pronto, la calma se interrumpe en forma abrupta. Alguien desencajado y fuera de sí, grita desaforadamente. Está desnudo, empapado en sangre seca y huele muy mal. Pedro intenta proteger a su Maestro, mientras unos niños, que conocen al loco sonríen ocultos detrás de unas rocas.

Pero el Maestro no necesita guardaespaldas. Inexplicablemente, el singular atacante se tira de rodillas ante él y comienza a implorar. Ruega piedad. Algunos vecinos curiosos no pueden oír la charla, pero observan el cuadro desde lejos. El loco y el forastero. La leyenda urbana y alguien que pareciera conocerlo, aunque no viva en esta ciudad.

El recién llegado hace un par de preguntas puntuales y luego señala unos cerdos. No hay ademanes ampulosos, solo órdenes precisas. De pronto, unos dos mil puercos enloquecen, gritan, se muerden entre sí y asombrosamente, se suicidan cayendo al mar, desde lo alto de unas rocas.

«El loco del cementerio» se reincorpora y los curiosos lo ven sonreír por primera vez. Alguien le alcanza un abrigo y le ofrece un buen baño a la orilla del mar. Milagrosamente, recuperó su juicio cabal. Y el Maestro sigue sonriendo, mientras observa al último de los cerdos ahogarse.

Pudo haber liberado al gadareno de otra manera, tal vez un tanto más formal. Tal vez debió haberle impuesto las manos y el loco se hubiera caído hasta quedar libre. O quizá debió llevarlo a un templo y orar por él como corresponde, sin mucha alharaca. Pero ese no es el estilo del Maestro. Jesucristo es un creativo nato. Un showman innovador y desestructurado.

¿Quieres seguir viéndolo en escena? Acompáñame al otro lado de la ciudad y desterníllate de la risa con lo que vas a ver. Un ciego se acerca para pedirle que lo sane. Y otra vez, el factor sorpresa. Podría imponerle las manos y sanarlo. O tal vez ordenarle a Felipe que toque el teclado «y preparar el ambiente para los milagros». Quizá podría hacer un soplido leve sobre los ojos del no vidente. Pero ese no es su estilo. Jesús observa de reojo a los doctores de la ley que lo observan detrás de un árbol. También se percata de unos fariseos curiosos que miran detrás de los sucios vidrios de una ventana. Y entonces intenta llamarles la atención. Y tiene una ocurrencia. Una innovadora y flamante manera de sanarlo. Escupe en la tierra, prepara lodo, improvisa un parche de barro sobre los ojos del casual amigo y lo envía a lavarse a un estanque. En pocos minutos, el ciego gritará a los cuatro vientos que recuperó la vista. Cae el telón, el público sorprendido aplaude de pie y el excéntrico Hijo de Dios saluda sonriendo.

Los discípulos no pueden acostumbrarse a su estilo. Improvisa un almuerzo gigantesco, multiplicando peces y panes como por arte de magia. Lo invitan a una boda y no tiene mejor idea que transformar el agua en un buen vino de excelente cosecha. Les dice a sus amigos que se le adelanten con el bote y se les une a mitad de la travesía, caminando sobre el mar. Es creativo, innovador, todo un artista de la escena.

Es increíble como a través de la historia, se nos escapa el detalle de la creatividad divina. Tal vez porque al ser humano ordinario no le gustan los cambios, prefiere lo conocido, el estilo en serie, lo estándar. Por esa misma razón, Dios le dice a Josafat que abandone las armas y prepare una gran orquesta, mientras los rivales se matan entre sí.

Tal vez, por esa misma razón, le ordena a Josué dar unas singulares vueltas a Jericó. O le diga a Moisés que mantenga las manos en alto para hacer diferencia en la batalla. Indudablemente, Dios no gastó todos sus recursos en los seis días de la creación, sigue generando ideas innovadoras a través de la historia. Y es por eso que su Hijo se le parecía a la hora de entrar en escena. Y es por eso que debiéramos parecernos a él también. Pero lamentablemente, muchos consideran a la creatividad una falta de respeto.

Los campeones en cualquier disciplina, que han marcado la historia de la humanidad a través de los siglos, fueron aquellos que le imprimieron un estilo nuevo a lo que hacían.

Y obviamente, generaron controversia.

«¿Por qué tus discípulos quebrantan la tradición de los ancianos?», preguntaban incrédulos aquellos que no podían concebir un cambio. Amaban la tradición, veneraban la doctrina, se inclinaban ante la ley, pero se perdían al Hijo de Dios.

La religión fue la autora intelectual del crimen de Cristo, los romanos fueron apenas los ejecutores. Obediencia debida a los teólogos de la época.

Una iglesia que atrasa

Es increíble ver a miles de jóvenes apresados en la celda de la rutina. Sin creatividad, sin correr riesgos, atiborrados de métodos ya probados, envueltos en la tradición o en el «porque sí».

Los jóvenes cristianos del 2003 observan las generaciones pasadas y creen revolucionar el dogma por mover de un lado a otro algunos estandartes. O creen que dejan fluir la creatividad divina por danzar hasta sudar por completo o realizar alguna que otra coreografía al compás del último coro de moda. Otros se consideran pioneros por formar una banda de rock cristiano o predicar sin corbata. Pero no es la música lo que te hará innovador o una camisa hawaiana al momento de pararte detrás del estrado.

La creatividad no es una postura, es dejar fluir lo nuevo de Dios, aunque eso no sea compartido por el cónclave de la tradición. Hace unos diez o quince años pensar en una noche de concierto o una coreografía de mantos o estandartes, hubiese sido una herejía. Pero ahora, es tomado como parte de «lo medianamente aceptable» dentro de nuestro cerrado contexto religioso.

Tenemos nuestro propio lenguaje, nuestras propias canciones, nuestra manera de saludarnos y hasta nuestra manera de vestir. Nos queda perfecto. Sabemos qué se nos está permitido y lo que ni siquiera se nos ocurriría pensar.

Nuestra idea de reunión creativa e innovadora es un mensaje ofrecido por el grupo de mimos de la congregación, que harán su pantomima durante los tres minutos de una canción, y luego pasará el pastor de jóvenes a pedir disculpas si alguien se ofendió, explicará que esta también es una manera diferente de predicar y además tratará de explicar lo que quisieron decir los mimos, ya que nadie entendió nada.

Para los cristianos, una reunión evangelística debe componerse de tres eternas horas de alabanza, media hora de adoración, alguien explicando por qué levantarán la ofrenda, y el mensaje final, no olvidando claro concluir el servicio con otra eterna media hora de alabanza para despedir a los feligreses. Los más innovadores, organizan un concierto, con muchas luces de colores, cantidades industriales de humo sofocante y un sonido capaz de perforar cualquier tímpano normal. Esa es nuestra mayor idea de la creatividad para intentar ganar al mundo. Pero alguien tiene que darnos la mala noticia: «La iglesia vive en los años setenta». Hacemos todo lo que se suponía que debimos hacer hace unos treinta años. Nuestro reloj dogmático atrasa horrores y muy pocos, lamentablemente, se han percatado del asunto.

La mentalidad del cristiano promedio es que si algo resulta, hay que repetirlo hasta el hartazgo y mantenerlo por los próximos veinte años. No me imagino a los apóstoles yendo por la vida, buscando «locos de cementerios» y endemoniando cerdos. Tampoco creo que alguien acarició la idea de organizar un servicio de «salivadas» en la tierra para sanar a los ciegos de la región. O a una nueva denominación basada en transformar agua en vino.

Nos encanta lo que ya resultó y alguien pagó un precio antes que nosotros por la innovación. Siempre preferimos imitar, antes que crear.

Hace poco, llevé a un famoso productor de espectáculos a un servicio cristiano. Él se considera un «seguidor de lejos» del Señor. Nunca había visitado una iglesia. Se dedica a montar y hacer la puesta en escena de grandes obras de teatro en Broadway y en las capitales más importantes del mundo. Su concepto del show es potencialmente elevado. Nos conocimos en nuestro más reciente proyecto evangelístico, logramos cierta amistad, y aceptó mi cordial invitación a un servicio dominical.

Media hora después de lo anunciado, dio inicio la reunión. Alguien probó los micrófonos una y otra vez, mientras los músicos improvisaban y afinaban los instrumentos frenéticamente. El baterista parecía quitarse los nervios de una mala semana encima de su instrumento, antes de comenzar la primera canción. Finalmente, un joven nos invitó a ponernos de pie y comenzó la alabanza. La primera canción duró unos doce o catorce minutos, la repetimos una y otra vez, primero las mujeres, luego los hombres, todos juntos, a *capella*, con palmas, sin palmas, todos juntos otra vez.

Mi amigo estaba serio. El muchacho que dirigía el servicio nos pidió que abrazáramos a dos o tres personas y le dijéramos algo así como: «Prepárate para la unción que vendrá esta noche sobre ti y te dejará lleno de gozo...» y no recuerdo qué más.

Mi amigo estaba más serio aun. Otra canción. Ninguno de los músicos sonreía, más bien parecía que estaban en trance o, en el peor de los casos, pensando en otra cosa.

Pasó otra persona y nos volvió a pedir que le dijéramos algo al que estaba a nuestro lado y a dos o tres personas alrededor. Luego pidió un aplauso. El tecladista no entendió la seña del cantante y entonces pidió otro aplauso, que le daría el tiempo para explicarle la seña al músico.

Mi amigo me dijo al oído que se retiraba.

Mientras se abría paso a la salida, oía con asombro, que el joven anfitrión les volvía a pedir que le dijeran algo al de al lado y que luego tendrían que saltar y dar unos gritos de guerra.

En nuestra cultura, era un gran servicio de alabanza,

digno de recordar. Para quien acababa de ingresar a la iglesia por primera vez, era un enorme grupo de improvisados, sin creatividad, ni sentido común.

Como es muy educado, trató de disculparse, pero me interesé en su punto de vista. Reconozco que pude haber tomado un atajo religioso. Pude haberle dicho que «él no entendía las cosas del Espíritu» y también pude haberme convencido de «que no resistió la gloria y la unción». Pero preferí ponerme en su lugar, y tratar de oírlo. Quizá podía aprender algo.

«Me sorprende», dijo, «que no haya nada preparado, ensayado, principalmente si es para Dios, como dicen. Por otra parte, cuando contrato músicos, tienen la obligación, por contrato, de sonreír mientras actúan. Ellos... solo tocaban. Además —agregó— los vi desconcertados, sin ideas de cómo seguir».

Me quedé en silencio y ensayé alguna explicación. Pero me percaté de que hacía falta una reforma. Un cambio drástico y radical de nuestros dogmas y costumbres.

Si una película se extiende más de dos horas, sentimos que se nos embota el cerebro, lo mismo pasa si un espectáculo va más allá de la hora y media. Pero somos capaces de tener cinco o seis horas de servicio.

Cierta vez llegué como predicador invitado a un país muy querido, donde se realizaba un congreso en el estadio principal. La reunión comenzó a las diez de la mañana, y eran las cinco de la tarde y habían desfilado tres oradores sin interrupción, yo era el cuarto.

«Predique tranquilo», me dijo el anfitrión a modo de consuelo, «aquí la gente está acostumbrada». Pero la multitud no estaba «acostumbrada». Tenía un hambre voraz y un cansancio mental insoportable. «El corazón resiste lo que la cola aguanta», suele decir un predicador amigo.

Los saludé con amabilidad y los envié a descansar, luego

de enterarme de que habían estado allí por siete largas horas.

No tenemos creatividad, escasea el sentido común. Programamos servicios y congresos para nosotros, pero espantamos al inconverso. Realizamos eventos dirigidos a quienes se supone que entienden lo que quisimos hacer, pero olvidamos al que no nos conoce ni comprende lo que queremos hacer o decir.

La reforma urgente

Por un momento, vuelve a observar a Jesús. Sana a un leproso y predica en menos de quince minutos. Los sorprende y los tiene en su puño. Acapara la atención de sabios e indoctos. Lo comprenden los ancianos y los niños, que lo apretujan para ganarse una sonrisa o un guiño de ojo del Hijo de Dios.

Se va a otra ciudad, y vuelve a crear algo nuevo. Cambia el estilo, revoluciona las formas, genera controversias, hace pedazos a la tradición. Podría apelar a su arsenal de conocimientos eternos y asombrar a los teólogos, pero prefiere la sencillez de una parábola.

Los hace reír, comparando la fe con un grano de mostaza. O diciéndole al rico que un camello tiene más posibilidades que él. Sorprende todo el tiempo. Él no está diciendo algo: tiene algo que decir. Pero que no esté sujeto a un programa no significa que improvise.

Dale una hoja de papel blanco a un religioso y se quejará de que no tiene nada que leer, dásela a un dibujante o escritor y te agradecerá por proveerle material para trabajar.

Lamentablemente, muchos cristianos permiten que alguien les escriba todo en su hoja blanca. No se permiten soñar con algo nuevo, porque le sienten un aroma a herejía.

He hablado con decenas de jóvenes que solo conciben dos maneras de servir a Dios: predicando o tocando la música. Si no poseen oído musical o no tienen la soltura para predicar ante la gente, se sienten excluidos del equipo, fuera de las grandes ligas.

Nuestro dogma tiene que experimentar una reforma drástica, similar a la que generó Lutero. No hablo de una postura de transgresión gratuita que hiere sensibilidades, sino una reforma basada en principios bíblicos y calibrada con el corazón del Señor: las almas perdidas.

Descubrimos la alabanza y nos transformamos en adoradores de la adoración. Hacemos un culto del cántico nuevo como si se tratara de una fórmula mágica para hacer descender la presencia de Dios. Legalistas de la libertad: si no saltas o danzas, eres un extraño, un frío espiritual que está fuera del mover de Dios; cuando en realidad los que quedan fuera son los que no pueden descifrar nuestros códigos religiosos internos.

Vivimos en la época de los setenta, excusándonos en que Dios nunca cambia y en que no tenemos que imitar al mundo. Decir que Dios nunca cambia es desconocer su estilo para crear cosas nuevas, y afirmar que no hay que imitar al mundo es un contrasentido, todo cristiano medianamente inteligente sabe que Satanás es el imitador en lugar de nosotros, en todo caso, tiene su reloj en hora, mientras el nuestro sufre un atraso demoledor.

Nos negamos a cambiar nuestros cultos, pero no soportamos mirar una película en blanco y negro. Disfrutamos junto a nuestros hijos de los efectos especiales de Hollywood, pero consideramos que los jóvenes inconversos vendrán corriendo a nuestros servicios solo porque hoy estrenaremos dos coros nuevos.

Nos sorprendemos con la puesta en escena de cualquier obra teatral de Disney, pero nuestro concepto de llamar la atención a los inconversos es danzar de manera irregular al compás de la adoración. Quedamos boquiabiertos ante la elocuencia de un político, pero predicamos un sermón extraído de un libro de mensajes de hace cien años atrás. Nos quejamos si pagamos una entrada para el cine y la película comienza diez minutos tarde, pero somos capaces de anunciar un servicio a las siete y lo comenzamos cuando creemos que ya está viniendo la gente.

Seríamos capaces de abuchear a Luciano Pavarotti si desafinara en su ópera prima, pero aplaudimos al líder de alabanza que «desafina para la gloria de Dios».

Pediríamos que nos devolvieran el dinero de la entrada si el comediante olvidara la letra e intentara llenar sus baches mentales diciendo: «Salude al espectador que se le sentó a su lado y dígale: Qué lindo es venir a ver a este comediante lleno de humor», pero somos capaces de hacerlo durante horas enteras, si es para el Señor.

No estoy en contra de los saludos o la alabanza o los gritos de júbilo, solo que no tenemos una cultura que impacte a los que no conocen a Dios. Nosotros lo comprendemos, el de afuera apenas lo soporta.

Hace unos dos años atrás conocí a un pastor de jóvenes que no lograba el éxito que quería con su grupo juvenil. A pesar de sus buenas intenciones, no tenía ascendencia entre los suyos. Estuvimos juntos tratando de descubrir el problema. De pronto, se me ocurrió hacerle una pregunta: «¿Cuál es tu sueño? ¿A qué aspiras en un futuro?» El joven me miró sorprendido como si hubiese hecho una pregunta demasiado obvia. «Quiero ser pastor de una congregación. Quiero tener una iglesia y conquistar mi ciudad».

Ese era su problema. En lugar de concentrarse en ideas novedosas para llegar al corazón de los jóvenes, tomaba esta etapa como un ensayo para su verdadera vocación. El departamento juvenil, para él, solo significaba las ligas menores.

Un lugar en el que pudiese practicar para el verdadero ministerio. Y eso, ahogaba su éxito.

El joven se vestía como su pastor, se dejaba los bigotes para parecer de más edad y realizaba los servicios juveniles imitando al culto central dominical.

Cuando iba a la radio, en lugar de hablarle a la audiencia joven, se dirigía a los oídos del pastor, para que «considerara al gran predicador que se estaba gestando».

En lugar de enfocar su energía en los jóvenes, dirigía sus esfuerzos para ganarse un lugar en la iglesia central. Dios no podía darle una unción especial para el trabajo actual, cuando mentalmente, ya había armado las maletas para mudarse de llamado.

La tradición y el querer imitar lo que vio toda su vida lo condujeron al fracaso inminente. El corto camino hacia la tradición hueca. Llegará al pastorado, fundará su propia iglesia y creerá que ha logrado su máximo sueño, cuando en realidad, alguien le escribió su papel en blanco y le dijo, inconscientemente, lo que se suponía que él debía hacer.

Vivimos desfasados en el tiempo. Nuestros jóvenes tienen toda la información que deseen al instante, gracias al internet. El control remoto de la televisión es una extensión de sus extremidades nerviosas, si algo lo aburre, lo cambiará al instante. El nuevo milenio arrasó con la sensibilidad de nuestros hijos. Y si la iglesia no se percata de esos cambios, tratará inútilmente de evangelizar con métodos arcaicos.

El Dios de la originalidad

En junio del año 1991, mi esposa y yo sentimos que el Señor nos entregaría un ministerio con la juventud. Nuestro primer impulso fue comenzar un programa de radio enfocado a ese objetivo particular. Pero no llegaríamos al corazón de los muchachos haciendo un programa tradicional. Ellos no están dispuestos a oír a un predicador durante una hora, con un anuncio de las reuniones cada quince minutos. Así que nos pusimos a orar intensamente y echamos a volar nuestra creatividad. Hablamos de los sufrimientos de un hombre de Dios a través de un bloque titulado: «Los pensamientos del perro del pastor». Nos inmiscuimos en la salud espiritual con un personaje que era mitad carnal, mitad cristiano y lo llamamos «Cristianeitor». «Las aventuras del superdiácono» nos hacía reflexionar respecto a las vicisitudes que pueden aparecer en una reunión. Decenas de bloques más hacían que el programa se hiciera ameno y didáctico a la vez. En menos de seis meses nos transformamos en el programa más oído por la juventud. Actualmente, «El Show de los Jóvenes» se transmite por quinientos cincuenta emisoras en veintidós países de habla hispana, formando una de las cadenas radiales más grandes de Iberoamérica.

En el verano del 2002, estrenamos un show evangelístico multimedia en uno de los teatros más renombrados de Argentina. Nuestro equipo montó un show de una hora y media con dobles de riesgo, efectos en tres dimensiones, telones de fibra óptica, cambios escenográficos, vestuario, láser y actores de primer nivel. Lo llamamos «Misión Rec» [Recuperemos el Control] y logró excelentes críticas de las revistas y programas de espectáculos. Obviamente, a cierta parte de la tradición le resultó una total herejía, pero nos alentaba ver a cientos de personas que al salir del teatro eran tierra fértil para predicarles el evangelio completo.

Tuvimos que trabajar duro, ensayar, calibrar la labor actoral con el sincronismo de los efectos, pero valió la pena el esfuerzo. Mientras escribo este capítulo, estamos cerrando las negociaciones con una importante empresa que costeará todo el tour de Misión Rec por cada provincia de Argentina y en varios países de Latinoamérica.

Un famoso productor de espectáculos me dijo que nuestra obra fracasaría por no tener mujeres desnudas y palabras con doble sentido. Luego del estreno, y al ver las largas filas que la gente hacía por ingresar al show, tuvo que reconocer que la creatividad divina era superior a su escasa y procaz tabla de valores.

La reforma no tiene que ver necesariamente con un show o un programa de radio o televisión innovador, sino con un cambio drástico de nuestra manera de pensar. Tenemos que cambiar los odres para que el vino nuevo pueda ser habitáculo en nuestro interior.

Hay cientos de maneras de servir a Dios utilizando a plenitud tu potencial. Puedes ser actor y ganarte una estatuilla como «mejor película extranjera», demostrando que puedes hacer cine para toda la familia. Puedes ganar la copa del mundo siendo el mejor jugador de fútbol de la historia sin apelar a anabólicos o drogas estimulantes. Puedes ser productor de contenidos y aportar nuevas ideas a una televisión devaluada y sin ideas. Puedes ser un excelente político y administrar los graneros de tu país, en lugar de tener que orar para que los presidentes corruptos se arrepientan o regalarles biblias para que las amontonen en algún armario. Puedes ser un empresario o un gerente de banco, que financie los grandes proyectos evangelísticos.

Pero para todo eso, necesitas prepararte.

Un campeón sabe que el entrenamiento es vital y determinante. Cuando te sorprendan las ganas de servir a Dios a «tiempo completo» y de «vivir por la fe», resiste y ponte a estudiar. Capacítate. Trabaja duro, ve por el oro, por el primer lugar.

Para experimentar una verdadera reforma, necesitamos genuinos locutores de radio, excelentes conductores y periodistas llenos de capacidad intelectual y unción, para que ya no tengamos esas mediocres programaciones cristianas hechas por hermanitos que solo cuentan con buenas intenciones en su haber.

Necesitamos una manera de predicar envuelta en distintos formatos para televisión; de otro modo, solo tendremos una televisión cristiana llena de predicadores que le hacen la tarea más fácil a los que quieren ver el servicio desde la sala de su hogar. Poseemos medios de comunicación que solo consumen la familia del predicador, dos abuelas y el que tiene encendida la televisión cristiana todo el día, para que «Dios le bendiga la casa». No producimos, no generamos ideas, no disparamos originalidad.

Ahora ponte una mano en el corazón y respóndeme con sinceridad. No tienes que dar una respuesta inteligente, solo tienes que decirme lo que piensas realmente.

¿En verdad crees que ese amigo inconverso y hombre de negocios aguantaría uno de nuestros eternos servicios del sábado por la noche? ¿Crees que cambiaría su película favorita por ver nuestro canal cristiano? ¿Estás realmente convencido de que entendería alguna palabra de lo que ese líder espiritual dice por la radio?

Si se te cruza por la mente un remoto «ni pensarlo», es que necesitamos una reforma urgente, un golpe de timón a nuestro concepto de ganar al mundo para Cristo.

Por último, quiero que te detengas a leer el siguiente diálogo, ya que fue algo verídico y comprobable.

—Creo que necesita paz en su vida, y solo si tiene a Cristo lo logrará…

—No lo creo. Siento mucha paz. Mi vida es relajada.

—Bueno, pero tal vez las crisis económicas le afligen.

—No tengo ese problema, soy millonario.

—Ahá… pero cuando se siente solo…

—Nunca me siento solo, tengo una familia que me contiene.

—Y si se enferma…

—No. Mi médico de cabecera logra prevenir cualquier problema de salud.

—Bueno, entonces regresaré a predicarle cuando necesite algo.

¿Crees que es ficción? Te equivocas.

Hace poco en la República Dominicana me encontré con un cristiano que tuvo ese desopilante diálogo con un conocido cantante del ámbito secular. Su única manera de predicar era partiendo de la necesidad. El día que se topó con alguien que creía tenerlo todo, no supo cómo hablarle del Señor.

El éxito no es que un vendedor logre que alguien descalzo compre un par de zapatos, sino que alguien que se cree coleccionista de ellos, le compre un nuevo par.

El endeudado, el pobre, el descorazonado, la mujer que se acaba de enterar de que su marido le es infiel, el joven que anoche intentó suicidarse, todos ellos, estarán en nuestros servicios durante cinco horas, harán lo que les digamos, asentirán con su cabeza lo que apenas comprenden y aplaudirán todas las veces que se lo pidamos. Pero hay otro grupo de gente allá afuera. Gente que no nos entiende, aunque hagan un gran esfuerzo. Empresarios, universitarios, intelectuales, gente con poco tiempo. Hombres que dependen de la cotización de la bolsa de valores. Gente de celulares que no paran de sonar. Hombres de negocios que transitan su vida sobre cheques posdatados. Críticos de los buenos espectáculos.

Gente que cree tenerlo todo: una esposa, dos hijos, una casa, dos autos, un perro y una amante para los fines de semana. Ellos también necesitan a Cristo tanto como el drogadicto que anoche visitó el templo. Solo que nadie sabe cómo decírselo. Tenemos el mejor producto, pero somos pésimos vendedores.

Tal vez sea necesario pegarle otro vistazo al Señor.

El Maestro camina por una de las principales arterias de la ciudad, mientras un gentío se agolpa tras él. Una llovizna helada humedece sin piedad a la multitud. De pronto, uno de los discípulos se percata de que deberán detenerse en la esquina para dejar pasar a un cortejo fúnebre. Cuatro vecinos llevan el ataúd. Y una mujer llora sin consuelo mientras acaricia el lúgubre y frío cajón. Ella no sospecha que es observada por el Creador, por quien acomodó el cosmos en su lugar y metió el mar en su cauce.

Jesús se para en la mitad de la esquina e interrumpe la procesión. Simón se agarra la cabeza y observa de reojo a los familiares que se sienten molestos por la intromisión.

Pero el Maestro oculta un as bajo la manga, otra vez, romperá las estructuras. Le dice a la mujer que no hay razón para llorar. Alguien se enoja por la falta de respeto y un adolescente deja oír una ahogada risita.

Pero el Señor es creativo. E innovador.

Toca el féretro y le dice a su ocupante que se levante. Ahora el que estaba muerto se sonríe y pregunta a dónde lo llevan. La mujer, que además es la madre, se desmaya de la emoción.

Los vecinos gritan despavoridos y los que ofrecían el servicio fúnebre maldicen por haber perdido un negocio. La multitud que seguía al Maestro experimenta una mezcla de asombro y miedo.

El Señor no tiene un método, sencillamente se dedica a asombrar. No es predecible, es majestuosamente extraño e inverosímil. Los discípulos lo siguen hace tres años y aún no pueden descifrar cuál es su dogma. Hasta ahora, ningún mensaje fue igual, ningún servicio se pareció entre sí. Tiene el estilo de los grandes genios. Se parece al Padre.

Un Eterno y Divino Showman.

La asombrosa historia de los Cohen

«Si tuvieras que definir lo que haces, en una sola palabra… ¿cuál escogerías?»

La pregunta fue disparada sin previo aviso por uno de los conductores de una de las cadenas de televisión más importantes de Puerto Rico, y confieso que logró hacerme pensar.

Alguna vez la prensa de mi país me bautizó como el «Pastor de los Jóvenes», pero ese título generó cierta molestia en aquellos que mantienen que es necesario tener una iglesia para llamarse pastor. Mi denominación, hace unos años, me entregó una credencial de predicador, como una especie de reconocimiento, pero para ser honesto, no me siento muy encuadrado en ese título. Tampoco me considero escritor (de hecho, aún no sé cómo los editores siguen confiando en mí).

Cada vez que me toca llenar la planilla de migración, me siento en un gran dilema. A veces, escribo «dibujante» (soy caricaturista desde que tengo memoria), pero según el estado de ánimo, puedo llegar a escribir conferencista o sencillamente «comunicador». Creo que, definitivamente, es la palabra que más me define: comunicador.

Me fascina relatar historias o escribirlas. Uno de los mayores placeres de mi vida es ver a la gente metida en el mensaje, sin perderse un solo detalle, mientras avanzo en la prédica.

Creo que uno de los artes más difíciles es captar la atención de los demás, escarbar el alma, a partir de un fascinante relato.

Un querido pastor, que conoce mi debilidad por las historias, me provee de ellas. Se llama Italo Frígoli, lo considero uno de los mejores oradores de los últimos veinte años, es un excelente esposo, amante de las pastas italianas, radica en Chile, y es el director de un ascendente equipo de fútbol. Italo suele llamarme por teléfono y decirme con su voz de locutor: «Dante, tengo una historia a la que podrás sacarle el jugo con tu estilo».

Y entonces, sin que tenga que pagarle los derechos, me regala algún detonador. Alguna historia que logra movilizarme. Esta, que les voy a contar a continuación, es una de ellas. Cuando mi amigo trasandino me contó la idea, supe que tenía que incluirla en el libro, a lo mejor, porque todo campeón debe conocer el momento oportuno para tomar una decisión.

Pero antes de meternos en esta fascinante historia, tengo que aclararte que a través de los años, junto a mi esposa, siempre hemos mantenido una singular «paranoia santa». Nuestro mayor temor es hacer algo que Dios no nos mandó, salirnos de la voluntad de él, adelantarnos en sus planes. Tal vez el temor se deba a que conocemos los beneficios de estar en el centro de su perfecta voluntad. Por eso, nos aterra el solo pensar que podemos alejarnos de sus designios.

La historia es testigo de muchos deportistas que en la cima de su carrera firmaron el contrato equivocado. Presidentes que estamparon su sello a un decreto incorrecto. Actores que eligieron un mal libro y una peor película que los empujó al olvido. Boxeadores que salieron a pelear cuando debieron haberse retirado a tiempo. Predicadores que se equivocaron en un proyecto que no había nacido en el corazón de Dios.

Si alguien quiere experimentar la victoria, no puede obviar el momento de las decisiones fundamentales. Por eso quiero que me acompañes a conocer a un personaje muy particular, porque siempre he creído que esto pudo haber ocurrido.

Es robusto, porta un espesa barba rojiza y tiene unos cuarenta y tantos años. Tiene cierto aire latino, aunque no hay muchas posibilidades de que naciera en América. Se llama Felipe Cohen y es esposo de Rebeca (una dulce mujer muy bien parecida) y padre de cinco hermosos hijos, que van desde los quince a los cinco años de edad.

Los Cohen son una familia típica, él trabaja con la ganadería, saca la basura, tiene un gran danés como mascota y juega al golf en los ratos libres. Ella es una excelente cocinera, ama a sus hijos con locura y tiene debilidad por los mariscos. A decir verdad, los Cohen nunca hubiesen pasado a la historia, de no ser porque eran una de las tantas familias que integraban el éxodo por el desierto. Nuestros nuevos amigos se dirigen hacia la tierra prometida y son liderados por un viejo patriarca, llamado Moisés.

Para ser más precisos, hace unos catorce años que están dando vueltas por el interminable y árido desierto. Una nube los guía durante el día y una columna de fuego los protege por las noches. La filosofía de trabajo es más que sencilla: si la nube se queda quieta, todo Israel acampa debajo;

si la nube comienza a moverse, todo el mundo levanta campamento y se dispone a seguirla. En pocas palabras: son nómadas hasta nuevo aviso.

Los Cohen ya lo han incorporado a su habitual rutina. En efecto, sus niños no conocen otra cosa que la blanca arena del desierto. Lo único que altera la semana es cuando los centinelas anuncian que la nube ha comenzado a moverse; recién entonces, renace la esperanza de estar más cerca del destino, de esa famosa región que Moisés les prometió una y otra vez que conocerían. De eso se trata la vida de los Cohen. Acampar, embalar maletas, arriar el ganado, desempacar maletas, volver a acampar hasta la nueva señal.

Pero algo mortalmente serio va a ocurrir en la vida de los Cohen. Algo que la leyenda dice que los marcó para siempre. Un colapso. Un sorprendente giro inesperado.

Dicen que todo comenzó con una charla privada en la cama matrimonial, un incierto día, alrededor de las once de la noche.

—Estoy harta de dar vueltas.

La frase de la mujer paralizó a Felipe, que intentaba hojear el periódico, luego de un día agotador. Pensó que solo se trataba de sus habituales cambios de carácter, de algún desfasaje hormonal de último momento.

—Dije que estoy harta de dar vueltas por este desierto árido.

Esto viene en serio. No es un sencillo planteamiento trivial de quién se ocupará de regar los gladiolos. Rebeca está molesta. Y ya lo ha dicho dos veces.

Felipe baja el periódico y trata de hilvanar alguna frase alentadora.

—Tú sabes que nos dirigimos a la tierra que Dios habló… no creo que falte mucho…

—¿Cuál es tu concepto de «mucho»? ¿Catorce años más? Quiero un futuro diferente para mis hijos, un lugar estable; necesito tener una tarjeta personal mediante la cual la gente normal pueda localizarme; un sitio donde sacarme fotografías y mostrárselas a mis nietos diciéndoles que esa es la casa de la abuela... ¡no quiero ser una gitana por el resto de mi vida!

No quiero que te confundas ni te hagas un mal concepto de la mujer. Existe un cansancio lógico en las palabras de Rebeca. Quiere parar, establecerse. Pertenecer a algún lugar.

—Entiendo —dice Felipe acariciando los cabellos de su mujer— sucede que estamos bajo la nube de Dios, bajo cierta protección. Hemos estado catorce años siguiendo su dirección, como el resto del pueblo. Es demasiado arriesgado pensar en...

—¿Pensar en nuestros hijos? ¿Es demasiado arriesgado pensar por una vez en nosotros? ¿No te parece un poco raro que nunca lleguemos a esa famosa tierra del «nunca jamás»? ¿Quién nos asegura que Moisés esté en sus cabales? ¿Y qué si el sol le quemó sus neuronas y estamos a merced de un loco idealista?

Felipe tiene muchos años de casado y sabe cuando su mujer habla en serio. También sabe que podría enfrentar a un ejército pero jamás desafiar a la dama con quien comparte el dormitorio. No hay mucho más por hablar, Rebeca no quiere seguir con la caravana. Quiere quedarse aquí, sin nada más para discutir.

—Cuando la nube vuelva a moverse, puedes irte tú, si lo deseas. Yo me quedaré aquí con los niños —finaliza Rebeca, antes de darse media vuelta y apagar la luz.

Al día siguiente, muy temprano, los centinelas anuncian que la nube a comenzado a moverse. Miles de acampantes dan inicio a un nuevo éxodo. Todo el mundo corre contra el reloj, exceptuando a los Cohen, que anoche tomaron una importante determinación: no seguirán bajo la nube.

Los vecinos no caben en su asombro y se acercan a preguntarles el porqué de esa extraña actitud. En tantos años, nadie jamás había osado quedarse. Don Cohen trata de dar algunas explicaciones. Dice que está cansado, que le dedicará el resto de su vida a su esposa, que no comparte la visión de la mayoría, les confiesa a los más íntimos que no está de acuerdo con el liderazgo de Moisés, alega que es una decisión definitiva.

Unos cuatro millones de israelitas desfilan por la puerta de la carpa de Felipe. Todos preguntan por la inercia de la familia. Es el comentario generalizado del pueblo. Los Cohen se quedan en el desierto.

Cuando el último rayo de sol se oculta tras una inmensa montaña de arena, la silueta de la última familia se recorta en el horizonte. Los Cohen han quedado silenciosamente en medio de la nada. La calma es absoluta, casi ensordecedora.

Felipe respira y llena sus pulmones con aire fresco varias veces.

«*Finalmente*», piensa, «*no fue una mala decisión*».

No tienen que estar esperando a que una nube les tenga que decir lo que tienen que hacer. Tampoco dependen de Moisés ni de su ocasional locura. No tienen que soportar a vecinos molestos ni a la chismosa de enfrente. No fue tan mala idea, después de todo.

El frío del alma

Acaba de oscurecer y ya deberían estar en la cama. Rebeca casi no habla, solo sonríe, agradecida por el apoyo incondicional de su marido en una decisión tan trascendental.

«Hace un poco de frío», dice el mayor de sus hijos.

Es cierto, la temperatura no para de bajar. Rebeca abriga a sus niños más pequeños y le agrega una manta al chiquito de cinco años, que no para de temblar. El frío comienza a transformarse en espantoso. Atraviesa los huesos. Se mete por los huecos de la carpa.

Los detractores de la Biblia afirman que jamás existió un éxodo por el desierto, ya que ningún mortal hubiese resistido las altas temperaturas diurnas y las bajísimas temperaturas nocturnas, habituales en el desierto. Lo que no saben los ateos, y tampoco lo sospecharon los Cohen, es que la nube de gloria durante la noche se transformaba en columna de fuego y eso mantenía la temperatura ideal en el ambiente.

Ahora la nube se fue con el resto de Israel, por lo tanto, esta noche no hay calefacción para la familia.

Los Cohen perdieron el fuego.

Siempre he mantenido la idea de que nadie se enfría por deporte o porque se disponga a hacerlo. Los grandes derrumbes siempre son precedidos por pequeñas grietas. Una trivial decisión errónea logra que un día nos congelemos el alma. Nos permitimos un error, una componenda, y una noche descubrimos que nuestra vida de oración es raquítica. Tratamos de hilvanar una que otra frase ordenándole a la mente que no se distraiga, hasta que finalmente nos quedamos dormidos. El fuego de la presencia divina solo es un añorado recuerdo de nuestros primeros pasos. La Biblia comienza a tornarse monótona y sin sorpresas. Los pasajes que hasta ayer nos alentaban hoy son oscuros jeroglíficos sin sentido.

Los sermones no nos saben como antes, nos resultan predecibles, redundantes.

La alabanza nos suena insípida y hasta perdemos el sentido de congregarnos.

Un domingo descubrimos que nos cuesta un esfuerzo sobrehumano colocarnos una corbata o un buen vestido para ir a la iglesia. Y ese día, comenzamos a morir un poco. El frío nos comienza a congelar el corazón.

Los Cohen pasan la peor noche de sus vidas, la más helada. Los primeros rayos del sol que se asoman en el horizonte son como un regalo esperado. Rebeca sale de la tienda a buscar el maná diario. Un desayuno frugal les devolverá el alicaído ánimo a su familia, luego de una pésima noche. Pero la mañana les tiene reservada una amarga sorpresa: tampoco hay maná para el desayuno.

«Es imposible», rezonga Felipe, «¡en catorce años, jamás nos faltó de comer!»

Lo que ignora Don Cohen es que el maná provenía de la nube. Ahora que no están bajo la nube, tampoco hay provisión de Dios.

Una mala decisión afecta tu billetera. Una movida incorrecta, en el tablero de la vida espiritual, ocasionará una mesa vacía. Cuentas sin pagar. Sueldos que no alcanzan. El oscuro fantasma del desempleo. Vencimientos que nos acorralan. Tarjetas de crédito con intereses que nos abruman y cheques sin fondos.

Es que, lamento decirte, en el caminar con Dios no hay fórmulas mágicas. Si no estás en la perfecta voluntad, quedas fuera del contrato y de las grandes ligas.

Pero Felipe Cohen tiene sangre latina. Y alguien como él, está acostumbrado a sobrevivir con poco. «Tal vez Dios quiere que ayunemos», dice.

Él cree que Dios está tratando con ellos. Dice lo que le gustaría que Dios dijese, pero que no dice. Increíblemente, llama «prueba de Dios» a una situación que él mismo generó. Es que la crisis suena mejor si la disfrazamos de reverencia que si la llamamos por su verdadero nombre: producto de la desobediencia.

A Rebeca se le ocurre que, por lo menos, tomarán algo de agua. Un té, quizá. Cualquier ser humano puede sobrevivir bastante tiempo sin comer, pero muy poco sin beber algo líquido.

Los primeros rayos del sol, sin embargo, ya evaporaron cualquier vestigio de agua. No hay nube, no hay piedras milagrosas que viertan agua, no está Moisés ni los vecinos que solían almacenar un poco de líquido en una cantimplora.

Este sí que es un mal día. Aun así, Don Cohen no ha perdido la esperanza. Considera que cualquiera puede tener una mala jornada, pero que mañana todo será diferente. Aunque no haya nada para cenar, el matrimonio y sus hijos se toman de la mano en derredor de la mesa para realizar un breve devocional familiar.

«Dios no pudo haber olvidado que le servimos tantos años», razona Rebeca entre lágrimas.

No se trata de mala memoria divina, sino de conocer cuál es el lugar correcto. En la universidad de Dios, no se califica por promedio:

«Bueno… veamos, están fuera de mi perfecta voluntad, han decidido hacer lo que quieren, pero debo tener en cuenta que me sirvieron en otras ocasiones».

«Esta vez no se preparó para ministrar, ni buscó mi rostro, pero voy a bendecirlo por los viejos tiempos».

«Ha decidido sacarme del medio y buscarse su propia pareja sin consultarme, pero de igual modo bendeciré su futuro matrimonio ya que en el anterior noviazgo realmente buscaba mi dirección.

Aun así, Cohen trata de comenzar una oración en la cabecera de la mesa familiar. Pero es Rebeca quien nota que el niño más pequeño está más rojo que de costumbre. Su piel parece un tanto quemada. Se le acerca, toca su frente y descubre, con horror, que el niñito vuela de fiebre. Para ser sinceros, el muchacho del medio también está insolado. Y la niña se queja de que le duele la cara y la cabeza. El mayor se quita la camisa para descubrir su espalda completamente llagada.

«Esto no puede estar ocurriendo», dice Rebeca interrumpiendo una oración que casi no pudo comenzar, «¡en catorce años, nunca el sol dañó a nuestros niños!

Tal vez olvidó que el filtro solar para sus hijos era la nube.

La inevitable despedida del hogar

Cuando en cierta ocasión le dijeron al rey David que su hijo Absalón había muerto, el monarca levantó la voz y dejó oír en todo el palacio palabras que pudieron haber sido el epitafio para su difunto muchacho: «Hijo mío, Absalón, ¡ojalá pudiera estar muerto yo en tu lugar!»

Fueron las palabras más tristes que jamás expresó el salmista. Acaso porque la pérdida de un hijo no resiste la más mínima comparación con el dolor.

Y sin lugar a dudas, Dios jamás lo permita, no necesariamente tenemos que despedir a un hijo en derredor de un ataúd. Pero todos, sin excepción, vamos a encontrarnos con la despedida de un hijo del hogar.

¿No lo has vivido como padre? Entonces, seguramente lo experimentaste como hijo.

El fatídico día en que el niño abandona sus juguetes para transformarse en hombre. Al principio, solo es un cambio de carteles en su habitación, se despide de Barney y Mickey para dejarle paso a una estrella del fútbol o un cantante de moda. Luego, como si fuese de un día para otro, nos presenta a su novia. La mujer con la que compartirá el resto de su vida. Una perfecta desconocida que se atreverá a llevarse a tu muchacho.

«¿No está listo para casarse», argumentará la mamá, «no sabe nada de la vida, tiene apenas treinta y ocho años».

Pero ese día, tarde o temprano, tocará a tu puerta.

El día en que nuestra niña, en quien depositamos todos

nuestros sueños, nos confiese que tiene un novio, y que además, lo traerá a casa. Sé lo que estás pensando.

Ese muchacho no es digno para tu princesa. Ella se merece algo mejor, ¿verdad? No tiene un buen empleo, parece inmaduro, tiene demasiados granos y, además, no te gusta cómo mira a tu hija.

«Tiene una mirada lujuriosa», me dices. Y tengo que darte la razón. Tu experiencia de padre hace que te des cuenta inmediatamente cuando alguien tiene ese tipo de mirada que intenta desnudar a tu pequeña. Acaso porque reconoces que es la misma mirada tuya cuando eras soltero. Ese día, también llegará para ti.

Tal vez no tengas que despedir a un hijo viéndolo con un estilizado traje negro o un vestido blanco. Quizá se va de casa a vivir solo o tenga que irse a otra ciudad para estudiar. O un divorcio de sus padres hará que no lo veas hasta el próximo fin de semana.

Y entonces, recién entonces, es cuando hacemos memoria de aquellas malas decisiones que pudieron haberlo marcado para siempre. Que los afectó en su niñez.

Uno siente dolor por aquellas palabras que les dijimos en los momentos de ira. Por aquellas veces que los ignoramos o por las ocasiones en que la agenda y ese empleo que cuidamos toda la vida nos quitaron las ganas de jugar.

«Ojalá pudiera volver atrás unos quince años y arreglar mi relación con mi hijo», pensamos.

El día de la despedida daríamos cualquier cosa por detener el reloj, por parar el sol, aunque sea por una semana. La vida nos ocupó tanto tiempo que perdimos a nuestros hijos.

Hoy ya no quiere jugar al fútbol contigo, tiene veintidós años y le importan otras cosas. Ya no tienes una segunda oportunidad para ir a su graduación, felicitarlo por su calificación en matemáticas o regañarlo por manchar su cuaderno con tinta. Hoy casi no te habla. La separación es tan brusca que hace un par de años que no existe el diálogo entre padre e hijo, son casi desconocidos. Cuando era un niño, era tu camarada y tú eras su Superman. Hoy son dos potencias tratando de negociar por un territorio y tú eres su dictador.

En algún momento hubo un rompimiento en la relación. Algo que se quebró en el camino del crecimiento. Es que nuestros hijos lo saben todo. ¿Quieres conocer realmente el corazón de un hombre? Pregúntale a su hijo.

Ellos te observan en los momentos de las victorias… y también en los de las derrotas. Saben cómo reacciona su padre cuando las cosas marchan medianamente bien y cuando está bajo presión. Ellos saben que eres un hipócrita… en el hipotético caso de que lo fueras, claro.

Ellos son los mudos testigos que parecieran mirar televisión, mientras su padre critica sin piedad a la iglesia. El niño pareciera no entender demasiado cuando su madre chismea en contra de los líderes o la visión de la iglesia. Pero lo oyen todo, aun a través de las paredes.

«Yo no critico», dices, «es solo un desahogo en familia».

Pero tu hijo no comprende el detalle de la semántica. Y almacena absolutamente todo en su diminuto corazón. Y algún día, en la despedida del hogar, todo aquello que inconscientemente marcó su niñez, le pondrá el herrumbrado marco a una gris relación entre padre e hijo.

No nos sirve de nada ser famoso, lograr un ministerio, un reconocimiento, una buena casa o una iglesia que nos quiera, si nos ganamos el desprecio de nuestros hijos.

Las pésimas decisiones como padres, estimados Felipe y Rebeca, harán que el sol haga estragos en la piel de nuestros niños.

La madre puede observar la piel llagada de su pequeño y culpar al líder juvenil. O tal vez a la iglesia que no supo contenerlo. O quizá el departamento juvenil no tenía un buen programa. O lo más fácil, un demonio se apoderó de él. Pero en este caso, Rebeca sabe la verdad: si no estás bajo la nube, no pidas protección para tus hijos.

Tal vez consideró que si no seguía a Moisés, ella era la única perjudicada. «Es mi decisión, soy adulta y no afecto a nadie», habrá pensado.

Pero olvidó la maldición generacional. Pasó por alto la salud de los suyos, de los más chicos, de los que inocentemente pagarían la consecuencia de una decisión equivocada.

Los Cohen se miran y no hace falta decir nada más. Arman las maletas lo más rápido que pueden, la luz de la luna les sirve para buscar algunas cosas en la oscuridad. Deciden unirse a los demás, meterse bajo la nube.

De pronto, a lo lejos, puede sentirse el estruendo que producen los cascos de caballos en la arena.

«*Tal vez alguien nos echó de menos*», piensa Felipe.

Pero no se trata de ex vecinos. Son bandidos, forajidos. Suelen ir detrás del campamento buscando rezagados sin protección. Querrán robarles lo último que les queda, raptar a sus niños y quizá algo peor.

La leyenda dice que los Cohen abandonaron todo y se dieron a la fuga en las penumbras de la noche, en dirección a la nube.

Nadie sabe, a ciencia cierta, si llegaron a tiempo. Algunos afirman que viajaron toda la noche y, a la mañana siguiente, se unieron al campamento, al otro lado de la montaña. Pero otros dicen que fue demasiado tarde. Imposible correr con cinco niños por el desierto. Por eso, esta es una historia con final abierto. En realidad, nunca sabremos lo que pasó.

No obstante, si sientes la helada brisa del frío espiritual por las noches. El hambre por algo de Dios se está tornando insoportable.

La sed por su presencia te acaba de resecar la boca.

Tus finanzas no gozan de buena salud.

Y los tuyos están desprotegidos e insolados por la vida.

Entonces, mi querido Cohen, corre por tu vida.

Un campeón puede perderlo todo por no estar donde se supone que debería. Si te pones a correr, quizá aún no sea demasiado tarde.

El disidente

El acusado aguarda silencioso en el banquillo.

No parece estar intranquilo o preocupado, al contrario, solo deja entrever una sonrisa, como aquellos que saben algo que los demás ignoran. Viste ropa de fajina azul y aunque no está uniformado de gala, pareciera tener algún rango militar. El caso no registra antecedentes.

El juez tiene fama de ser justo e imparcial y todos confían en su sobria decisión. El golpe seco del martillo anuncia que se abre la sesión. El fiscal, de estilizado traje negro, toma la palabra.

—Señor juez, honorable jurado, tenemos aquí un claro caso de un disidente del sistema. Por razones que responden a algún contexto religioso, el acusado parece ignorar el popular estilo de vida de las honorables familias. La sociedad es una especie de ecosistema donde, si todos se ajustan a las

reglas preestablecidas, la rueda completa funciona perfectamente. Pero en ocasiones —agrega en un tono más ofusca-
do el fiscal— aparecen personajes que pretenden alterar el
orden público levantando banderas revolucionarias y contra-
rias a lo estipulado y a lo que pasivamente hemos aceptado
como normales y que hacen a nuestra cultura.

—Necesitamos que sea más claro en su alegato —interrumpe el juez—, no tenemos mucho tiempo.

—Por supuesto, su Señoría. Para ser más claro, el impu-
tado se ha levantado en pos de una «nueva revolución» en
contra del sistema. Ha reclutado más gente que la que ningún político soñó jamás, ha invadido las escuelas, las facultades, las oficinas y las fábricas con un mensaje totalmente
contrario al que hemos aceptado desde nuestra más tierna
infancia. Llama crímenes a los abortos, que no es otra cosa
que una elección de vida; rotula de pecadores y adúlteros a
los que se suscriben a la libre expresión del divorcio legal; defiende la virginidad ignorando que el placer sexual es un derecho de todo ciudadano; esgrime que la nación no tiene integridad, poniendo en tela de juicio la moralidad de quienes
nos gobiernan.

—Objeción, su Señoría —reclama el defensor, que luce
un atípico traje blanco—, el fiscal no es específico y puntual
en su acusación. No podemos realizar un juicio de valores o
ideales en esta sesión, necesitamos que vaya directamente a
lo medular de la cuestión.

—Tiene razón el abogado —dice el juez, reclinándose en
su imponente sillón—, explíquese mejor, señor fiscal.

—Por supuesto. El acusado está «enfermo» de morali-
na y pecatería. Defiende valores dignos de la prehistoria
como el respeto y la obediencia ciega a los padres o la fi-
delidad matrimonial eterna. Eso coarta la libre expresión

de nuestros jóvenes. Además, pretende erradicar el vocabulario procaz de los medios de comunicación, trayéndonos un aroma a represiones y censuras que nadie quiere volver a vivir. Por otra parte, denuncia actos de corrupción e inmoralidad; como si él fuese el único que tuviera la autoridad moral para hacerlo.

—Eso es ridículo —interrumpe el abogado con total calma— no se puede acusar a alguien por el simple hecho de marcar una diferencia en la sociedad. La democracia y la verdadera libertad no son sinónimos de libertinaje. No hay fundamentos legales en contra del acusado.

—Bienvenido al sistema, mi querido abogado —responde el fiscal en tono irónico— gente como el acusado solo incomodan al resto, a la mayoría que solo pretende vivir en armonía con el orden nacional. Él es un revolucionario contracultural. Esta oponiéndose a los parámetros establecidos. Y lo que empeora su causa es que ya ha reclutado a muchísima gente en favor de ese ridículo estandarte.

—Lo que trata de decir el fiscal —dice el juez, arriesgando una conclusión— es que el acusado, en lugar de ceder a la presión de la sociedad, ha impuesto una forma diferente de vivir, aun poniendo a riesgo su propia reputación y —agrega, como si ya supiese la respuesta— quiere decir que no le importó su popularidad y buen nombre, con tal de levantar una causa que considera justa, aunque esta vaya en contra de la corriente y el consenso general.

—Exactamente —responde el abogado, mientras se pasea lentamente delante del jurado— se acusa a alguien, solo por el hecho de llevar a las multitudes a un regreso a la verdadera integridad y a cosas que ya estaban establecidas mucho antes de que este sistema perverso cambiara el orden de los valores de todo ser humano.

—Es el tiempo el que debe decir si son verdaderos o no —replica el juez en tono cortante.

—Que sea él quien ponga a riesgo su reputación no es el punto —apunta el fiscal mientras se desajusta la corbata nervioso—, pero se agrava con el hecho de que esa revolución de disidentes se acentúa con movimientos a través de toda la nación que pretenden entrenar a un nuevo escuadrón de rebeldes.

—¡¡Por Dios, fiscal!! —interrumpe el juez—. No estamos aquí para discutir sobre métodos de evangelismo. Esto se ha tornado irrelevante. No encuentro motivos para condenar a un hombre que solo intenta ser diferente. No creo que eso destruya el sistema. El estado no puede condenar a alguien por el solo hecho de ser distinto y, menos aun, si la gente que abraza su causa lo hace de una forma totalmente voluntaria. La sociedad ha visto desfilar a miles de jóvenes idealistas como él persiguiendo utopías o levantando quimeras que finalmente han muerto.

El juez hace una seña casi imperceptible y alguien llama al acusado a declarar en el estrado. Tiene muy pocos minutos para alegar algo a su favor. Debe ser conciso, incisivo, directo. El joven toma la palabra.

—Señor juez, señores del jurado, damas y caballeros. Hoy pueden decidir si van a dejarme predicar y promulgar mi verdad oficialmente. O si me transformarán en un disidente del sistema que manipulan. Pero no pueden quebrantar mi voluntad. Siempre estaré allí, en la nueva reforma de la iglesia, en la revolución. Cuando nadie creía en mí, alguien decidió que podía jugar en las ligas mayores y me dio una oportunidad que no pienso desperdiciar. He trabajado muy duro para cambiar mi estrella y promover una nueva cultura en esta generación. Cada mañana de mi vida, he luchado con un estúpido hábito oculto, hasta acabar con él. Cada minuto de mi vida, he respirado la visión de afectar a miles con un mensaje radical.

La sala se llena de un bullicio ensordecedor, algunos solapados periodistas tratan de inmortalizar al acusado en alguna fotografía, inundando la corte con molestos flashes. El juez golpea su martillo en el estrado ordenando silencio.

—Estoy consciente de que mis métodos son muy pocos ortodoxos —continúa el joven—, pero estoy decidido a ir contra lo que el manual de constitución espiritual considera perverso y nocivo.

»No se confundan, no tienen delante de ustedes a uno más del montón, fui entrenado para misiones únicas. Estoy determinado a invadirlo todo en el nombre del Señor que confió en mí. Puedo comenzar una y otra vez. Aunque le pongan un precio a mi cabeza.

»Decídanlo. O tienen a un colega que luchará por una nueva generación, o una espina clavada en el pie. Lamentablemente, no puedo ir en contra de mi código. Prefiero morir intentándolo, antes que retroceder en mi actitud.

El juez pareciera no respirar. El aire de la sala podría cortarse con un cuchillo. Solo algunas miradas nerviosas del público se mueven de un lado a otro como buscando aprobación a las palabras del acusado de revolucionar el sistema. El juez se inclina hacia el micrófono y pronuncia su sentencia:

—El tiempo será el mejor juez; si esta revolución es una de las tantas se disolverá como otras que hemos visto pasar inadvertidas, pero si realmente existe algo Superior en todo esto... nadie la podrá detener. Condenaremos a este muchacho y se levantaran otros miles. Podremos encerrar a unos cuantos, pero la revolución se extenderá por toda la nación como una inundación. Dejemos que la historia juzgue a los protagonistas. Por mi parte, no tengo nada más que objetar, declaro al acusado inimputable.

Se levanta la sesión.

El martillo repica sobre el estrado en medio de un murmullo ensordecedor. El juez, confuso, se retira a su sala privada. El abogado, de impecable traje blanco, le hace un guiño cómplice a su defendido.

El oscuro y controversial fiscal maldice y golpea sus puños contra el estrado. Los periodistas, cronistas y fotógrafos tratan de sacar sus propias conclusiones en medio de flashes y apretujones.

El acusado sigue sonriendo. No ha abierto la boca en toda la jornada, pero sonríe. El código de honor de los campeones no le permite hacer declaraciones a la prensa. Se pone en pie, en medio de unas pocas felicitaciones y camina hacia la salida. Casi no llega a los veinte y tantos años, pero su madurez es asombrosa. Afuera lo espera la revolución y la causa. La bandera que trastorna al sistema. El escuadrón de resistencia. Los que no quieren ser influenciados por una sociedad enferma. Los que van a ser llevados a juicio una y otra vez, y siempre sonreirán callados, sabiendo que para defenderlos estará el hombre de níveo traje blanco.

A la salida del juzgado, un fotógrafo retrató al disidente para la primera plana del periódico local. Por eso, te ruego que observes la fotografía con cuidado. Detente en el muchacho que sale del juzgado entre apretujones y periodistas.

Solo los detallistas reconocerán esa mirada marcada a fuego. Es la llama sagrada, imposible de imitar. Es la mirada de los vencedores, de los visionarios que nacen para ganar. Son los ojos de los que poseen un corazón de caballero. Forma parte de la estirpe de la nueva generación. Pero si te fijas bien, notarás que hay un detalle más, casi imperceptible.

Acércate más.
Obsérvalo con cuidado.
Ve detrás de su mirada.
Escarba hasta su corazón de león.

Es inquebrantable.
Ese es *El Código del Campeón*.

Acerca del autor

Dante Gebel es argentino, casado con Liliana y padre de dos niños, Brian y Kevin. Se le conoce como el «Pastor de los Jóvenes» y ha realizado cruzadas multitudinarias que han reunido hasta cien mil jóvenes en una sola noche. Comenzó su ministerio colmando los estadios más importantes de su país, Vélez, River Plate, Boca Juniors, el Obelisco y actualmente realiza cruzadas por toda Iberoamérica.

Su programa televisivo, «Línea Abierta», se difunde todas las semanas a través de la cadena Enlace a más de cincuenta naciones. Conduce «El Show de los Jóvenes» que se transmite en quinientos cincuenta emisoras radiales en veintidós países conformando una de las cadenas radiales más grandes de Iberomérica.

Su más reciente proyecto, fue el show evangelístico multimedia Misión Rec, que presentó durante el verano en Buenos Aires, y que lleva de gira a todo su país y gran parte de América.

Dante, además, es dueño de una productora de eventos y comunicaciones, y su hobby es el humor a través del dibujo, que practica desde la niñez.

El Código del Campeón es su segundo libro, sin contar los humorísticos.

Para comunicarse con el autor, contáctelo en www.dantegebel.com

Estadio Vélez Sarsfield, 55.000 jóvenes en la primera cruzada de Dante Gebel.
"Siempre que quieras, puedes cambiar tu estrella"

*El monumental River Plate, colmado con 60.000 jóvenes de toda Argentina.
Un sueño hecho realidad y una nueva generación que marcaba la historia.*

La plaza de la República, el obelisco, 100.000 jóvenes cortaron el tránsito de Buenos Aires, logrando una de las concentraciones más gigantescas de la juventud.

Estadio Boca Juniors, culminando el tour 2000, y luego de realizar 23 cruzadas por todo el país, 70.000 jóvenes se dieron cita en la popular bombonera. Otro Superclásico de la juventud.

Algunas imágenes del
cortometraje que generó el
programa de televisión
más adelante.
Comedia, mucha acción y
la misión de recuperar el
control de la juventud.

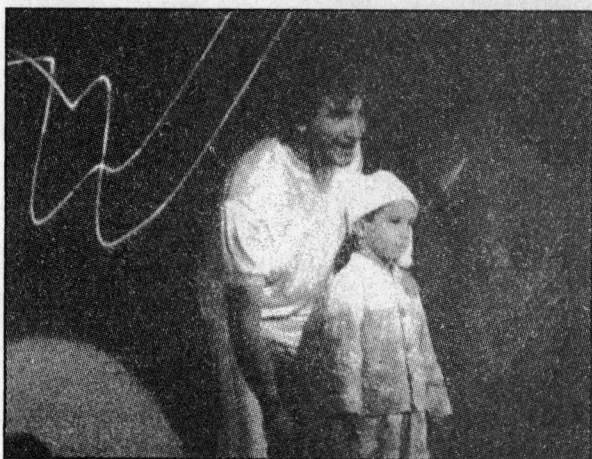

"Misión Rec" en el teatro. Algunas imágenes del show evangelístico multimedia que combinó los efectos especiales, telones de fibra óptica, dobles de riesgo, láser, y un mensaje al corazón de los jóvenes inconversos.

Nos agradaría recibir noticias suyas.
Por favor, envíe sus comentarios sobre este libro
a la dirección que aparece a continuación.
Muchas gracias.

Vida

ZONDERVAN

Editorial Vida
7500 NW 25 Street, Suite 239
Miami, Florida 33122

Vidapub.sales@zondervan.com
http://www.editorialvida.com

① Tu Pueblo dice gracias
② Sing (Canta al señor
③ Vengo adorarte, vengo a...
④ Let rain
⑤ All about you
⑥ ALaba ⑦ Breath
⑧ Sobre todo.
   pueblo y NACion